RÖMERS GARTEN

AUS DER PFLANZENBUCHSAMMLUNG
DER UNIVERSITÄTSBIBLIOTHEK
LEIPZIG

Herausgegeben von
Ulrich Johannes Schneider und Astrid Vieler

KATALOG ZUR AUSSTELLUNG
der Universitätsbibliothek Leipzig
15.11.2013-30.03.2014

Impressum:

© Universitätsbibliothek Leipzig 2013
Schriften aus der Universitätsbibliothek Leipzig; 32

Herausgeber: Ulrich Johannes Schneider und Astrid Vieler
Gestaltung und Satz: Dona Abboud
Bildbearbeitung: Oliver Hartung
Druck: Merkurdruck Leipzig
In Kommission beim Universitätsverlag Leipzig
ISBN (UBL): 978-3-910108-74-5
ISBN (Universitätsverlag): 978-3-86583-826-1

Gedruckt mit Unterstützung des
Fördervereins Bibliotheca Albertina e.V.

FÖRDERVEREIN BIBLIOTHECA ALBERTINA E.V.

Inhalt

Abb. 1:
Das Exlibris für die Bände der Sammlung Rudolph Benno von Römers
in der Universitätsbibliothek Leipzig

Vorwort

Die Pflanzenbuchsammlung des Rudolph Benno von Römer (1803–1871) wurde der Universitätsbibliothek Leipzig testamentarisch vermacht. Sie bildet einen Meilenstein in der Erwerbungsgeschichte des 19. Jahrhunderts: Voller Stolz klebten die Bibliothekare eigene Exlibris in die ca. 2.600 Bände [Abb. 1]. Zum Sammler und seinem Berater Gustav Kunze, dem damaligen Direktor des Botanischen Gartens der Universität Leipzig, gibt der Katalog Auskunft, soweit es die oft spärlichen Quellen erlauben. Übrigens grenzt der Neubau der Bibliotheca Albertina (1891), in dem heute auch die Sammlung Römers aufbewahrt wird, an das bis in die 1870er Jahre hinein bewirtschaftete Gelände des Botanischen Gartens der Universität.

Mit den folgenden Bildern und Texten öffnen wir ein Fenster in die Geschichte der Universitätsbibliothek Leipzig. Wir stoßen zugleich dorthin vor, wo aus Büchern hochinteressante Wissensobjekte werden. Die Geschichte der Bibliothek einerseits und der Wissensbereich der Botanik andererseits – das sind auch die beiden einander ergänzenden Kompetenzen der Herausgeber. Wir haben uns bemüht, sowohl die kulturhistorisch Interessierten als auch die auf Pflanzenbücher Neugierigen gleichermaßen im Blick zu behalten.

Wir verbeugen uns vor dem fleißigen Sammler und noblen Spender, aber wir sind auch wirklich interessiert an den von ihm aufgehäuften Schätzen: Es führt kaum ein besserer Weg in die Botanik als über diese wunderbaren, vielfach farbig ausgemalten Bücher! Über die Jahrhunderte hinweg wurde an Kunst und Technik nicht gespart, um genaue, instruktive oder einfach nur schöne Pflanzenbilder herzustellen. Das Ordnungsprinzip des Exponatteils dieser Publikation ist – wie das der Ausstellung, die sie begleitet – eine Ordnung nach Pflanzen. »Römers Garten« ist ein Natur- und Kulturerlebnis auf Papier.

Dank gilt den Beiträgern des Katalogs, sowie den vielen Helfern aus den Abteilungen für Restaurierung, Digitalisierung und Öffentlichkeitsarbeit. Ohne den Einsatz und die Expertise von Vanessa Berges, Susanne Dietel, Thomas Fuchs, Jörg Graf, Julia Reimer und anderen Mitarbeiterinnen und Mitarbeitern der Universitätsbibliothek Leipzig wäre diese Bibliothek in der Bibliothek nicht so gut und schnell zur Ausstellung gekommen.

Studierende der Kulturwissenschaften haben in vielfältiger Form an der Vorauswahl, den Beschreibungstexten und den dazu nötigen Recherchen mitgewirkt. Zu nennen sind hier (in alphabetischer Folge) Lucia Czerny, Birgit Frank, Annemarie Gey, Michael Holzwarth, Irena Kern, Lisa König, Maria Miehe, Philipp Milse, Roy Wolf.

Nicht zuletzt gilt unser Dank Dona Abboud von der Hochschule für Grafik und Buchkunst, die sowohl die Ausstellung wie den Katalog gestaltet hat. Mögen viele Leserinnen und Leser sich an den Bildern und Texten erfreuen!

Ulrich Johannes Schneider und Astrid Vieler
Leipzig, im Oktober 2013

v. Römer auf Neumark,
Abgeordneter der erzgebirgschen Ritterschaft,
Mitglied d. ersten Deputation der II. Kammer

Abb. 2:
Rudolph Benno von Römer,
aus: Illustrierte Zeitung,
Nr. 188 vom 6.2.1847,
S. 85; aus einer Reihe von
Portraits der Abgeordneten
des Sächsischen Landtags
1845/46

Ulrich Johannes Schneider

Rudolph Benno von Römer

Rudolph Benno von Römer (15.03.1803 – 18.11.1871) war ein sächsischer Rittergutsbesitzer und zugleich ein großer Sammler, dessen Pflanzenbücher heute noch bewundert werden können. Seine Biografie ist bislang nicht aufbereitet, obgleich der Autor des Nachrufs in der *Botanischen Zeitung* von 1872 ihn einen Mann nennt, »der nicht in Sachsen allein, sondern auch außerhalb Sachsen vielen im Gedächtnis bleiben wird« [Abb. 2].

Römer war von 1836 bis 1864 Abgeordneter im Sächsischen Landtag (Matzerath 2011, 92 f., 321 f.). Zu seiner politischen Karriere muss man die publizierten Akten des Sächsischen Landtags auswerten, aus denen sich ergibt, dass Römer in der Gruppe der Rittergutsbesitzer 1836 – 1847 in der Zweiten Kammer und 1848 – 1864 in der Ersten Kammer – beide Male durch den König ernannt – Mitglied war. Ordentliche und außerordentliche Landtage gab es mit wenigen Ausnahmen jährlich.

Römer hat in politischer Funktion wohl auch mehrere Auszeichnungen erfahren. 1848 erhielt er den sächsischen Verdienstorden. 1853 meldet die Zeitschrift *Bonplandia. Zeitschrift für angewandte Botanik* die zuvor schon in der Zeitschrift *Botanik* vermeldete Verleihung des Comthurkreuzes zweiter Klasse des Albrechtordens an Römer, »den bekannten Botaniker«, durch den sächsischen König.

Römer blieb unverheiratet. Seine Familie verfügte über Landbesitz in Löthain bei Meißen und Neumark im Vogtland. Im Nachruf des Leipziger Botanikers August Schenk in der *Botanischen Zeitung* wird sein Vermächtnis wie folgt geschildert:

»Während seines ganzen Lebens unausgesetzt thätig, wandte er die Musse, welche ihm das öffentliche Leben und die Verwaltung seiner Güter gestattete, den Naturwissenschaften, insbesondere der Botanik, ferner der Kunst und Münzkunde zu. Seine vorzügliche Kupfer-stichsammlung bildet jetzt eine Zierde des Leipziger Museums, seine Münzsammlung erhielt die Münzsammlung zu Dresden, seine botanische Sammlung sammt seiner Bibliothek vermachte er der Universität zu Leipzig. Vermächtnisse, welche ohne Ausnahme von bedeutendem Werthe sind. Die Bibliothek ist reich an kostbaren Werken, das Herbarium enthält neben dem grössten Theile der käuflichen Sammlungen das Beyrich'sche Herbar, die Farne von Kaulfuss und ausserdem eine grosse Anzahl von Originalexemplaren. Die von den Verstorbenen geführte botanische Correspondenz, welche viele interessante Einzelheiten enthält, ist ebenfalls in den Besitz der Universität übergegangen. Das Herbarium steht fortan unter der Oberaufsicht des jeweiligen Professors der Botanik, die zahlreichen Doubletten sind bestimmt, für Vermehrung des Herbars verwendet zu werden, der Erlös aus den Doubletten der Bibliothek zur Vermehrung des botanischen Theiles der Universitätsbibliothek.« (*Botanische Zeitung* 1872, Nr. 30, 272)

Römer hatte offenbar als junger Mann an der Universität Leipzig studiert und Vorlesungen in Botanik belegt. Seine Immatrikulation zum 21. Mai 1821 für das Fach »Rechtswissenschaft« ist im Universitätsarchiv belegt. Tatsächlich aber hat Römer wohl in der Philosophischen Fakultät naturwissenschaftliche Vorlesungen besucht. Im Bestand der Sondersammlungen der Universitätsbibliothek befinden sich zwei Vorlesungsnachschriften in seiner Hand unter dem Titel »Gustav Kunzes botanische Vorlesungen«. Sie stammen aus den Jahren 1822/23 und 1823/24 [Abb. 3]. Offensichtlich beginnt in dieser Zeit die Freundschaft des Studenten von Römer mit dem zehn Jahre älteren, gerade ins Amt gelangten Professor Gustav Kunze (1793 – 1851).

Römer wurde wohl aus botanischen Interessen heraus zum Sammler von Pflanzenbüchern. Den Schüler Kunzes und späteren Professor Moritz Willkomm (1821–1895) förderte er beispielsweise während dessen zweijähriger Spanienexpedition, als deren Ergebnis Willkomm eine Reisebeschreibung und ein botanisches Grundlagenwerk zur iberischen Vegetation veröffentlichte. Willkomms 1852 erschienene Habilitationsschrift über *Die Strand- und Steppengebiete der Iberischen Halbinsel und deren Vegetation* ist »Herrn Rudolph Benno von Römer, Ritter des K. sächsischen Civilverdienstordens« gewidmet. Die Universitätsbibliothek Leipzig bewahrt Briefumschläge [Abb. 4] und Quittungen [Abb. 5] auf, die Willkomm an Römer sandte, nebst zahlreichen Briefzeugnissen, aus denen die Rolle Römers als Mäzen der botanischen Forschung klar hervorgeht.

Abb. 4:
Umschlag eines Briefes von Moritz Willkomm an seinen Gönner Römer aus Spanien (UBL: Nachlass Römer, Nr. 130)

Abb. 5:
Quittung Willkomms (auf Spanisch) über den Erhalt einer Zahlung, aufbewahrt in Römers Nachlass (Nr. 130)

Abb. 3:
Römer schrieb 1824 eine Vorlesung seines Lehrers Kunze über Pilze mit (UBL: Ms 01043)

Römers Sammlungskatalog legt ein eindrucksvolles Zeugnis seines wissenschaftlichen Interesses ab: Es handelt sich um eine 1819 gedruckte alphabetische Bibliografie zur Botanik, in der Römer eigenhändig abhakte, was er besaß, und handschriftlich nachtrug, was er darüber hinaus erwerben konnte [Abb. 14].

Aus der freundschaftlichen Verbindung mit Gustav Kunze heraus ist wohl zu erklären, dass die Universitätsbibliothek Leipzig nach dem Tod von Rudolph Benno von Römer am 18. November 1871 dessen Pflanzenbuchsammlung erhielt. Schon 1859, acht Jahre nach dem Tod seines Freundes und Beraters Kunze, hatte Römer in seinem Testament selbst festgelegt, dass die botanische Bibliothek, seine übrigen Bücher, das Herbarium sowie die Autografensammlung nebst einer beträchtlichen Geldsumme für die Universität Leipzig bestimmt waren. Von den Zinsen der Geldspende sollten zwei Viertel zur Honorierung eines Kustos des Herbariums, ein Viertel zur Vermehrung des Herbariums und ein Viertel »abwechselnd ein Jahr um das andere zu Prämien für eine botanische Preisaufgabe und zu einem Reisestipendium für einen Botaniker, welcher zunächst im Interesse der naturhistorischen Sammlungen der Universität eine Reise macht«, eingesetzt werden.

Rudolph Benno von Römer als Abgeordneter (1836–1864)

Der Abgeordnete Rudolph Benno von Römer war innerhalb der Kammern des Sächsischen Landtags in mehreren Ausschüssen (damals »Deputationen«) aktiv, wie die gedruckten Akten aussagen. Zuerst ist Römer in der dritten Deputation der Zweiten Kammer tätig, die mit thematisch ganz unterschiedlichen Petitionen befasst ist. Ab dem Landtag 1842 wird er in der Zweiten Deputation tätig, die sich mit Steuer- und Abgabenfragen beschäftigt (etwa Brandversicherung, Kreditsysteme, Hypothekenbücher). Aber auch das Vermögen der Leipziger Universität oder die Besteuerung von Alkohol sind Gegenstand der Beratungen im Ausschuss. Finanzfragen beschäftigen Römer weiterhin nach 1845 als Mitglied einer Zwischendeputation, »die den Entwurf einer Wechselordnung ausführlicher prüfen soll« (Landtag 1845, 416). Römer wird im selben Jahr auch eines von sieben Mitgliedern einer außerordentlichen Deputation zur Begutachtung kirchlicher Fragen; im Übrigen wechselt er im gleichen Jahr von der Zweiten in die Erste Deputation, die eher hochrangige Beratungsthemen hat, wie Bergwerksverfassung, Urheberrecht, Einkommenssteuer und Staatsschulden.

In der Ersten Kammer wirkte Römer seit dem 18. Mai 1848 mit; in Folge der Revolution von 1848 wird von den (damals für kurze Zeit gewählten) Abgeordneten gleich zu Anfang der Sitzungsperiode das Zweikammernsystem in Frage gestellt. Der Resolutionsentwurf beginnt mit den Worten: »In Anbetracht, dass der Fortbestand der zeitherigen Zusammensetzung der Kammern nach ihrer Überzeugung von der großen Majorität des Volkes nicht gewünscht wird [...]« (Landtag 1848, 389). Römer unterstützt diese (letztlich erfolglose) Initiative zur Auflösung der Ersten Kammer.

In Fortsetzung seiner früheren Tätigkeit in der Zweiten Kammer wird er in der Ersten Kammer Mitglied der Zweiten Deputation, mit den Themen Steuern, Recht und Wirtschaft. 1850 wird er dann noch in den »Ausschuss zur Staatsschuldencasse« gewählt (Landtag 1850/51, 19). Viele Berichte betreffen die Modernisierung des Staates durch Eisenbahn, Telegrafenämter und Industrieansiedlung. Ab 1860 scheint das Berichtswesen der Zweiten Deputation strenger organisiert zu sein; es werden nun die Budgets der einzelnen Ministerien einzeln durchdiskutiert (Bau, Militär, Cultus, Auswärtiges, Inneres, Justiz). Römers Ausscheiden aus dem Landtag ist in diesen Akten ebenso wenig erläutert wie sein Eintritt knapp dreißig Jahre zuvor.

Großzügig legte Römer in seinem Testament [Abb. 6] fest, dass die durch die Übernahme seiner Bücher in der Universitätsbibliothek entstehenden Dubletten »bald verkauft und für den Erlös aus diesem Verkauf andere der Universitätsbibliothek fehlende Werke zunächst im botanischen Fache, dann in andern naturhistorischen Fächern successiv angeschafft werden«.

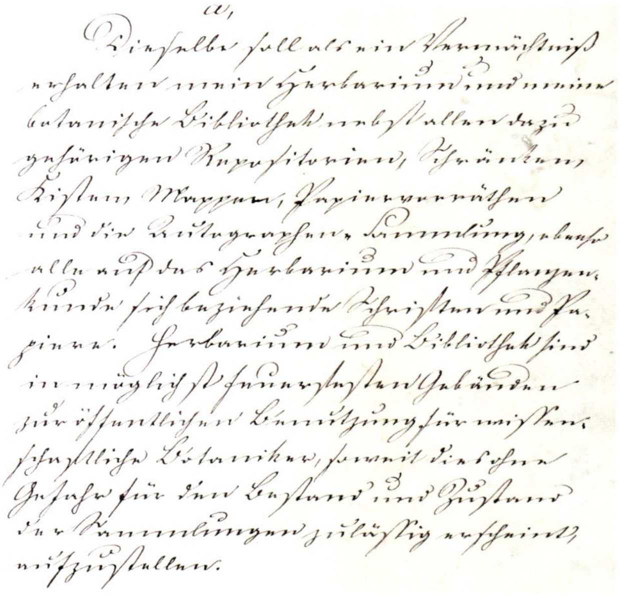

Abb. 6: Testament Römers (Detail mit Bestimmungen zum Herbarium und zur Pflanzenbuchsammlung) (UBL, Registratur 603)

Der für die Universität Leipzig bestimmte Teil des Testaments endet mit einem Passus, der festlegt, dass die Übernahme der für sie bestimmten Gegenstände in seiner Wohnung in Dresden und in Löthain »sobald als möglich nach meinem Tode und jedenfalls innerhalb der nächsten drei Monate« erfolgen solle. Im Januar 1872, und damit zwei Monate nach dem Tod des Samm-

lers, wies der Minister des Kultus und öffentlichen Unterrichts Karl Friedrich Wilhelm von Gerber (1823 – 1891) den Oberbibliothekar der Universitätsbibliothek Leipzig, Prof. Ludolf Ehrenfried Krehl (1825 – 1901), darauf hin, dass am 18. Februar des Jahres die im Testament verfügte dreimonatige Abholfrist ablaufe (UBL, Registratur 603). Die heute in der Universitätsbibliothek Leipzig vorhandenen Nachlassteile zeugen davon, dass es Krehl gelungen ist, diese Frist einzuhalten.

Mit der an Kostbarkeiten reichen botanischen Bibliothek Rudolph Benno von Römers ist ein einmaliger Bestand an botanischen Werken in die Universitätsbibliothek Leipzig gekommen, darunter zahlreiche Prachtausgaben aus dem 18. Jahrhundert, den man in einer von finanziellen Zwängen und vom Vorrang der Lehre und Forschung bestimmten Universitätsbibliothek nicht erwartet.

Zusammen mit der 1813 aufgenommenen medizinischen Büchersammlung von Johann Carl Gehler und der 1851 vermachten Bibliothek des Botanikers Gustav Kunze macht die Pflanzenbuchsammlung Römers die Universitätsbibliothek Leipzig zu einer bereits im 19. Jahrhundert einschlägigen Fachbibliothek für Botanik und verwandte Disziplinen.

Der Verfasser dankt Peter König und Cordula Reuß für Vorarbeiten und grundlegende Hinweise (s. a. König/Reuß 2012), sowie Lucia Czerny und Lisa König für die Durchsicht der Landtagsakten zur Ermittlung der politischen Karriere Römers. Josef Matzerath (TU Dresden) und Sebastian Schermaul (Universität Leipzig) gaben wertvolle Hinweise zur Landtagsgeschichte.

Ulrich Johannes Schneider

Gustav Kunze

Rudolph Benno von Römer lernte Gustav Kunze wohl zuerst als Professor kennen, dessen Vorlesungen er als Zwanzigjähriger besuchte. Kunze wurde zum Freund und Berater Römers, gewiss auch beim Erwerb von Pflanzenbüchern.

Gustav Kunze (04.10.1793 – 30.04.1851) [Abb. 7], in Leipzig geboren, trat 1808 in die Thomasschule ein. Schon damals war Kunze allgemein naturwissenschaftlich interessiert. Er studierte ab 1813 an der Leipziger Universität und promovierte hier im Jahre 1819. Seine Interessen lagen besonders in der Pflanzen- und Insektenkunde. Kunze wurde 1822 außerordentlicher Professor für Medizin an der Universität Leipzig. Zugleich versah er das Amt des Kustoden der Gehler'schen Büchersammlung an der Universitätsbibliothek, die 1813 als Stiftung übernommen worden war. Diese Sammlung hatte einen medizinischen Schwerpunkt; ihre Aufnahme eröffnete einen ganzen Reigen von Erwerbungen großer Gelehrtenbibliotheken im 19. Jahrhundert. Kunze entsprach mit seinen breiten naturwissenschaftlichen Interessen den Vorstellungen der Stifter, die laut Vermächtnis sich einen »jungen, mit hinreichend literarischen Kenntnissen versehenen Arzt« wünschten (UBL, Registratur 705).

Kunzes schon während seiner Studienjahre veröffentlichten Publikationen zur Botanik machten ihn in Fachkreisen rasch bekannt und brachten ihm die Mitgliedschaft in weit über zwanzig wissenschaftlichen Gesellschaften in Deutschland, Frankreich, Belgien, Schweden, Russland und Italien ein. Er war 1818 Mitbegründer der Naturforschenden Gesellschaft zu Leipzig und von 1820 bis zu seinem Tode deren Sekretär. 1835 wurde er zum außerordentlichen und 1845 zum ordentlichen Professor für Botanik an der medizinischen Fakultät der Universität Leipzig ernannt. Bereits ab 1837 war er zugleich Direktor des Botanischen Gartens der Universität Leipzig [Abb. 8], ab 1845 trug er auch den Titel »Bibliothekar«. Das Kustodenamt der Gehler'schen Sammlung an der Universitätsbibliothek übte er bis 1848 aus.

Abb. 7:
Portrait Gustav Kunze,
ca. 60 Jahre alt (Universitätsarchiv, FS N03427)

Abb. 8:
Eine kleine Blase im Süden der Stadt: Der Botanische Garten der Universität Leipzig, bis in die 1870er Jahre auf dem so genannten Trier'schen Grundstück gelegen, auf dem heute das Bundesverwaltungsgericht steht (Kartenausschnitt 1840 Stadtarchiv Leipzig: StadtAL, RRA (K), Nr. 408)

Kunzes wissenschaftliches Forschungsinteresse galt den Farnen; hier war er einer der besten europäischen Kenner seiner Zeit [Abb. 9]. Unter Kunzes Leitung gewann der Botanische Garten der Universität an Renommee; seine Farnsammlung wurde mit 450 Arten die umfangreichste in Europa. Kunze veröffentlichte auch international beachtete Studien über Käfer und beschäftigte sich mit den Beziehungen zwischen Botanik und Pharmazie. Als international anerkannter Gelehrter stand er mit allen namhaften Botanikern und Zoologen seiner Zeit brieflich in Verbindung, wie die reichhaltige Korrespondenz aus seinem Nachlass in der Universitätsbibliothek Leipzig bezeugt (Ms 0352). 1851 erlag er einem Schlaganfall.

Kunze hatte in seiner Jugend bereits den Grundstock für eine erlesene Büchersammlung gelegt, die am Ende ca. 2.400 Bände umfasste und von der Universitätsbibliothek übernommen wurde. Sie ergänzte die Gehler'sche Stiftung um kostbare Quellen- und Spezialwerke zu den Naturwissenschaften, besonders zur Botanik. Zwanzig Jahre später vergrößerte dann Römers Bibliothek mit ca. 2.600 Bänden das in der Universitätsbibliothek Leipzig aufbewahrte botanische Fachwissen.

Die Freundschaft Römers mit Kunze ist durch Briefe von Kunze an Römer (»Mein hochverehrter Freund«; Nachlass Römer, Nr. 130) ebenso wie durch Briefe von Römer an Kunze belegt (»Verehrter Freund«; Ms 0352, Nr. 303–311). Wiederholt weilte Kunze auf dem Landsitz Römers in Löthain, um botanische Schätze zu studieren, Herbarien anzulegen und Neuerwerbungen in der botanischen Bibliothek zu bewundern. Der Dresdener Botaniker Heinrich Gottlieb Ludwig Reichenbach (1793–1879) ging in seiner Gedenkrede in der Naturforschenden Gesellschaft zu Leipzig 1851 auf dieses freundschaftliche Verhältnis ein: »Zu wiederholten Malen wurde ihm der mehrtägige Aufenthalt bei seinem ihm überaus theuren Freunde Herrn von Römer in Löthain bei Dresden der angenehmste Ersatz für eine Reise, aber auch da wurden im Verein mit dem kenntnisreichen Besitzer, dessen eigne reiche botanische Schätze und das Kaulfuss'sche Herbarium daneben, studirt.« (Reichenbach 1851, S. 10)

Der Verfasser dankt Peter König und Cordula Reuß für Vorarbeiten und grundlegende Hinweise.

Abb. 9:
Die für das Wintersemester 1823/24 angezeigte Vorlesung über »Farrenkräuter« hat Römer besucht und mitgeschrieben (UBL: Univ.899, Ausschnitt)

V. Naturkunde.
1) Theoretische Naturkunde.
Naturgeschichte.
Schwägrichen, D. F., P. O., 8 U. 4 T. öffentlich; ingl. Mineralogie, Fortsetzung, 1 U. 4 T., und besondere Kapitel der Botanik, in noch zu best. Stunden.
Kunze, D. G., P. F. des., Naturgeschichte der Farrenkräuter, 9 U. 2 T., öffentlich; ingl. pharmaceutische Botanik, 11 U. 4 T.
Thienemann, D. L., Osteologie der Wirbelthiere; 1 U. 2 T., unentgeldlich; ingl. Naturgeschichte der Wirbelthiere, nach eignen Heften, 6 T. zu belieb. St.
Physik.
Gilbert, D. L. W., P. O., Experimentalphysik: über die Lehren von der Electricität, dem Galvanismus und dem Magnetismus nach den neuesten Entdeckungen, so wie über die Lehren von der Wärme, vom Lichte und von den Meteoren, in Verbindung mit ausgewählten Experimenten, 11 U. 6 T.
Chemie.
Eschenbach, D. Ch. G., P. O., Experimental-

Martin Freiberg

Über Namen in der Botanik

Ohne Kommunikation zwischen Wissenschaftlern existiert die Wissenschaft nicht. Ein Wissenschaftler im Elfenbeinturm, der von niemandem Notiz nimmt und der seine Erkenntnisse nicht weitergibt, ist kein Wissenschaftler, er existiert eigentlich gar nicht. Doch um mit anderen überhaupt sinnvoll kommunizieren zu können, muss allen Beteiligten klar sein, wovon die Rede ist. Unter Rot mag ein Bayer noch dasselbe verstehen wie ein Ostfriese, doch unter einer Schnake wird in Württemberg eine Stechmücke verstanden, im Norden eine große Fliege.

Betrachtet man unterschiedliche Sprachen weltweit, so wird dieses Wirrwarr noch größer und undurchsichtiger. Zu Beginn des 16. Jahrhunderts vermochte ein einzelner Mensch sich unter allen bis dahin bekannten 3.000 Pflanzenarten noch etwas vorzustellen. Doch dann begannen die Weltreisen. Immer mehr exotische Pflanzen in den abstrusesten Formen kamen aus Amerika, Afrika, Australien oder Asien nach Europa. Niemand war mehr in der Lage, das aufkommende Chaos mit den bis dahin üblichen Mitteln zu beherrschen.

Namen von Pflanzen und Tieren waren noch nicht vereinheitlicht. Eigentlich gab es noch gar keine richtigen Namen: Neues wurde in der damaligen Wissenschaftssprache Latein in Absätzen beschrieben. Bestrebungen zur Vereinheitlichung existierten schon vor der Mitte des 18. Jahrhunderts, fanden aber nicht weltweit, sondern höchstens lokal Geltung. Erst der schwedische Pfarrerssohn Carl von Linné setzte seine Vorstellung 1753 durch, und zwar mit einem durchschlagenden Skandal: Er verglich die Blütenorgane mit Männern und Frauen! Und so gab es eben Pflanzen, in deren Blüten es fünf Männer mit drei Frauen trieben, oder noch schlimmer: zwei Frauen mit nur einem Mann! Zu dieser Zeit war das unerhört – zumindest offiziell.

Linnés Buch über die Pflanzenarten (*Species Plantarum*, Stockholm 1753) verbreitete sich anfänglich daher auch nur »unter der Ladentheke« – hatte aber durchschlagenden Erfolg. Jeder wollte das Buch haben – und jeder las über Linnés neues Ordnungsprinzip: Alle Lebewesen, so schlug er vor, sollten fortan einen Namen tragen, der aus zwei Teilen besteht, einem großgeschriebenen Gattungsnamen gefolgt von einem Adjektiv »Epitheton«, das den Gattungsnamen genauer beschreibt. So heißen wir Menschen »*Homo sapiens*«, der Wolf »*Canis lupus*« und das Gänseblümchen »*Bellis perennis*«.

Gänzlich waren die Probleme damit aber noch nicht aus der Welt geschafft. Es passiert auch heute gar nicht so selten, dass eine weit verbreitete Pflanze von zwei unterschiedlichen Botanikern mit zwei unterschiedlichen Namen gültig publiziert wird. Oder dass ein und derselbe Name für zwei ganz unterschiedliche Arten genutzt wird. Um solchen Fehlern begegnen zu können, werden in wissenschaftlichen Texten den Pflanzennamen die beschreibenden Autoren nachgestellt. Damit das nicht zu lang wird, haben sich bestimmte Kürzel eingebürgert, z. B. steht ein einfaches »L.« für Linné. Doch selbst ausgeschriebene Autorennamen können mehrdeutig sein. So gab es in den letzten Jahrhunderten mehrere Botaniker namens »Müller«, womöglich sogar mit demselben Vornamen »Johannes«. In solchen Fällen wird die Wirkungsstätte des Botanikers noch hinzugezogen – und eine Pflanze könnte »*Pipapoa alba* Joh. Müller Leipzig« heißen. Die Eindeutigkeit muss in jedem Fall erhalten bleiben. Auch im Zuge der elektronischen Datenvernetzung und der beschleunigten Ausbreitung von Publikationen sind mehrdeutige Pflanzennamen nicht völlig ausgeschlossen.

Ähnliche Gattungen wurden nach Linné in einem hierarchischen System zu Familien, Familien zu Ord-

nungen, und Ordnungen zu Klassen etc. zusammenge-
fasst. Damit waren alle bekannten Lebewesen katalogi-
sierbar. Neu entdeckte konnten leicht eingefügt werden.
Dieses einfache und logische System war nun schnell
über Europa und darüber hinaus bekannt geworden und
setzte sich rasch durch. Es wird bis heute so angewandt.
Auch die lateinische Beschreibung ist geblieben: Nach
der Publikation eines neuen Namens muss eine Beschreibung in Latein erfolgen, denn zwei Worte allein reichen
natürlich nicht aus, um alle Charakteristika eines Lebe-
wesens und insbesondere ihre Abgrenzung von nah Verwandten auszudrücken. Doch da der Artname an diese
Beschreibung gekoppelt ist, reichte und reicht es nun
völlig aus, den zweigliedrigen Namen zu benutzen – und
jeder weiß, was gemeint ist.

Aber: Ein Bild sagt mehr als tausend Worte. Ein Beschreibung weist im Wesentlichen auf unterscheidende
Merkmale zu benachbarten Arten hin. Liest man sich
eine botanische Beschreibung durch, so entsteht nicht
in jedem geistigen Auge sofort ein Abbild der Pflanze.
So war es schon lange vor Linné üblich, Pflanzen oder
Tiere abzubilden – je nach finanzieller Möglichkeit in
Schwarz-Weiss-Grafiken, Grau- oder Farbdrucken.
Gerade die oft kunstvoll ausgeschmückten Farbdrucke,
die manchmal als handkolorierte Aquarelle echte Uni-
kate darstellten, wurden schon immer gerne auch als
Prestigeobjekte von zahlungskräftigen Nicht–Wissenschaftlern geschätzt.

Man mag annehmen, dass die Fotografie das Hand-
zeichnen heute komplett ersetzt hat. Aber das stimmt
nicht. So enthalten auch die besten Bestimmungsbücher
noch immer Handzeichnungen [Abb. 10]. Denn der
Zeichner vermag Dinge, die der Apparat nicht kann: bis
in die Unendlichkeit scharf abbilden, Merkmale hervor-
heben, perspektivisch entzerren, ablenkende Beiobjekte

weglassen etc. So werden auch heute noch bei Verdacht
einer Neuentdeckung von den Pflanzen bereits im Feld
Detailzeichnungen angefertigt und oft auch mit nor-
mierten Farbskalen koloriert [Abb. 11]. Und weiterhin
ist die Publikation von Farbabbildungen kostenintensiv.

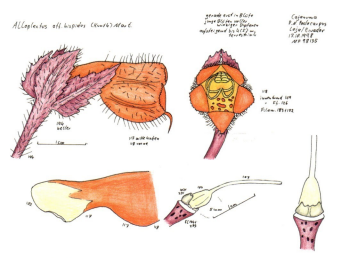

*Abb. 10: Vor Ort angefertigte Skizze einer wahrscheinlich neuen Art
aus der Familie der Usambaraveilchengewächse, vom Autor gefunden in
den Anden Süd-Ekuadors. Die Nummern entsprechen genormten Farben.*

Die biologischen Wissenschaften haben sich mittlerweile weit aufgespalten und nach der Sammlung und
Beschreibung immer neuer Arten rückt heute der Fokus
auch auf die Funktionen der einzelnen Arten im Ökosystem. Fragen wie »Was passiert, wenn jene Art aus-
stirbt?, Welche Aufgabe erfüllt diese Art?, Wie beeinflus-
sen sich diese oder jene Arten untereinander?, Warum
gibt es überhaupt so viele Arten?, Welche Faktoren führen
zum Aussterben?« sind gerade in unseren Zeiten, wo der
Mensch das Leben auf dem Planeten Erde so stark beein-
flusst, von entscheidender Bedeutung, auch für unsere
eigene Existenz.

Es darf nicht vergessen werden, dass die Entdeckung und Beschreibung neuer Arten noch längst nicht am Ende ist. Man vermutet zwar, dass von den etwa 300.000 bekannten Blütenpflanzen höchstens weitere 10% unentdeckt sind, so dass die Botanik noch vergleichsweise gut dasteht. Doch insgesamt sind bisher erst 1,8 Millionen Lebewesen standardmäßig erfasst und beschrieben. Große Lücken tun sich im Reich der Pilze und Bakterien auf. Jede Unterwasserexpedition bringt Hunderte neuer Arten zum Vorschein. Große Schmetterlinge werden auch von Hobby-Biologen untersucht, doch Spinnentiere oder Würmer erfreuen sich weitaus geringerer Beliebtheit – auch unter den Biologen.

Vermutlich wird unser Planet von mehr als 10 Millionen verschiedenen Arten besiedelt; mittlerweile sterben viele aus, bevor sie überhaupt beschrieben, geschweige denn auf ihre Funktion untersucht worden sind. In zoologischen Gärten werden meist nur Säugetiere, ein paar Vögel und Reptilien gezeigt. Doch diese drei Gruppen zusammen machen weniger als 0,01% aller Arten aus! Von den über 50.000 Pilzarten, die die meiste Zeit unsichtbar im Boden leben, nimmt kaum jemand Notiz. Umfragen in Schulen haben ergeben, dass die meisten (männlichen) Schüler zwar 10 Automarken unterscheiden können, kaum jemand vermag jedoch neben dem Champignon noch einen weiteren Pilz zu benennen! Unsere Gesellschaft entfernt sich mehr und mehr vom Wissen über die Natur.

Abb. 11:
Farbschema aus einem Buch zur botanischen Terminologie (Hayne 1799).

15

Astrid Vieler

Sortieren und Ordnen im Reich der Pflanzen

Die ersten dokumentierten Bemühungen, Ordnung in das Chaos der pflanzlichen Natur zu bringen, erfolgten im 3. und 4. vorchristlichen Jahrhundert durch den antiken Gelehrten Theophrast von Eresos, einem Schüler des Aristoteles. Er versuchte, die ihm bekannten Gewächse nach logischen Gesichtspunkten zu sortieren, wobei er anhand der Wuchsformen Kräuter, Sträucher und Bäume unterschied, und dabei auch Merkmale wie Blattformen berücksichtigte. Zu seiner Zeit waren es einige hundert verschiedene Pflanzen, auf die er sich dabei berufen konnte. Doch ist es immer schwierig, mit wenigem Bekannten eine vernünftige Sortierung zu finden, die wirklich wichtigen Gesichtspunkte herauszuarbeiten. Wenn ich nur einen Hund, eine Katze und eine Taube kenne, dann habe ich einen Hund, eine Katze und eine Taube. Kenne ich aber auch den Wolf und den Schakal, Tiger und Leopard, sowie Schwan und Adler, dann erst kann ich hundeartige von katzenartigen Säugetieren trennen und erkenne das, was den Vogel zum Vogel macht. Und je mehr Formen ich kenne, umso feiner und vielschichtiger wird das Raster ihrer Abgrenzung voneinander: Erst mit der Masse an Informationen treten aussagekräftige Muster zutage. Vielleicht konnte sich auch aus diesem Grunde erst sehr viel später – fast 2000 Jahre nach Theophrast – mit einem wachsenden Welthandel, mit der Aufklärung, mit gezielten Forschungsreisen in fremde Länder eine aussagekräftige Systematik des Lebens entwickeln.

Wie sich der Entdecker und Forschungsreisende beim ersten Betreten der Tropen gefühlt haben mag, angesichts all der nie zuvor gesehenen grünen Pracht, ist aus heutiger globalisierter und vernetzter Sicht schwer zu erfassen. Alexander von Humboldt beschreibt es in seinen Reiseberichten aus Südamerika folgendermaßen:

»Er weiß nicht zu sagen, was mehr sein Staunen erregt, die feierliche Stille der Einsamkeit oder die Schönheit der einzelnen Gestalten und ihrer Kontraste oder die Kraft und die Fülle des vegetabilischen Lebens. Es ist als hätte der mit Gewächsen überladene Boden gar nicht Raum genug zu ihrer Entwicklung. Ueberall verstecken sich die Baumstämme hinter einem grünen Teppich, und wollte man all die Orchideen, die Pfeffer- und Pothosarten, die auf einem einzigen Heuschreckenbaum oder amerikanischen Feigenbaum […] wachsen, sorgsam verpflanzen, so würde ein ganzes Stück Land damit bedeckt.« (Humboldt 1859, 302)

Die Vielfalt des Lebens ist überwältigend. Und der Mensch versucht in seinem Streben nach Ordnung und System, diese Vielfalt zu organisieren, mit Hilfe von Schubladen, in die er Dinge steckt, nach Bekanntheit und Ähnlichkeit. Die große Frage, die sich dabei stellt, ist: Welche Schubladen eröffne ich? Nach welchen Kriterien sortiere ich? Wer steht wem nahe, und aus welchem Grund?

Um das pflanzliche Leben zu sortieren, sind eine Vielzahl von Kriterien erprobt worden – je nachdem, welchem Zweck die Ordnung dienen soll. In Büchern wird und wurde dabei oft nach völlig anderen Gesichtspunkten entschieden als bei der Bepflanzung eines botanischen Gartens, oder als in den wissenschaftlichen Disziplinen der Botanik. Die entstehenden Muster sind teilweise sehr unterschiedlich, teilweise ergänzen sie einander.

Leonhart Fuchs entschied sich in seinem im 16. Jahrhundert erschienenen *New Kreüterbuch* für eine Ordnung der Pflanzennamen, die dem griechischen Alphabet folgte. Für den Benutzer dieses Buches heißt das freilich, dass er beim richtigen Namen nennen muss, was er zu finden hofft – und zwar beim griechischen. Die Alternative dazu ist das Blättern, wobei man anhand des Bildes und seiner Beschreibung entscheiden muss, welches die gesuchte Pflanze ist.

Der Künstler und Herausgeber des berühmten Eichstätter Gartenbuchs (*Hortus Eystettensis*), Basilius Besler, hat einige Jahrzehnte danach die Abbildungen seines Werkes nach Blühzeiten differenziert und den vier Jahreszeiten zugeteilt: Der Frühling und der Sommer bilden dabei naturgemäß die umfangreichsten Gruppen (mit 455 bzw. 512 Pflanzen), dem Herbst ordnet er genau 100 Pflanzen zu, dem Winter 28. Diese Anordnung hatte auch pragmatische Gründe, denn der Betrachter kann sich so durch die Jahreszeiten blättern, stellt sich den Garten von Eichstätt dabei vor, und wie er sich ändert über die Zeit. Aber sicherlich wird der Künstler genau dann die Pflanzen gezeichnet haben, wenn sie in voller Blüte standen. Die Zeichnungen mit meist drei Abbildungen pro Blatt sind dann quasi chronologisch gebunden worden.

Zahlreiche Werke orientieren sich auch am praktischen Nutzen der Pflanzen, allem voran steht dabei der Einsatz als Arznei. Doch auch Obst-, Gemüse- und Gewürzpflanzen wurden und werden nach ihren Einsatzmöglichkeiten sortiert. John Parkinson hat so zum Beispiel in seinem 1656 erschienenen Werk über seltene Pflanzen mehr als 150 Seiten zum Anlegen und Anordnen von Pflanzen in einem Küchengarten und einem Obstgarten eingefügt.

Erst nachdem sich die Wissenschaft der Botanik bemächtigt und das Botanische Buch zu beherrschen begann, konnte eine natürliche Ordnung entwickelt werden. So erkannte Mathias de L'Obel schon im 17. Jahrhundert, dass Gräser und lilienartige Gewächse parallele Linien auf ihren Blättern aufweisen, während die meisten anderen Pflanzen netzartige Muster zeigen. Diese Charakteristika in der Blattnervatur sind ein wichtiges Merkmal zur Unterscheidung von ein- und zweikeimblättrigen Pflanzen, und er benutzte dieses zur Sortierung der Pflanzen in seinen Büchern.

Andere Botaniker, wie zum Beispiel der Leipziger Rivinus, der Italiener Cesalpino, der aus Südfrankreich stammende Tournefort oder auch die Briten Ray und Morison, zogen den Aufbau der Blüten, vor allem der

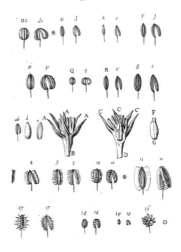

Abb. 12:
Verschiedene Samenformen von Doldenblütlern (Morison 1680)

Blütenblätter und deren Verwachsungen und Symmetrie, oder auch der Früchte und Samen heran, um Pflanzen zu sortieren [Abb. 12]. So näherten sie sich immer mehr einem natürlichen System der Verwandtschaft zwischen den Arten. Das 1753 erschienene Werk von Carl von Linné benannte dann zum ersten Mal konkret die weiblichen und männlichen Blütenteile – Fruchtknoten mit Stempel und Staubblätter – und gruppierte die Pflanzen nach deren zahlenmäßiger Kombination [Abb. 13]. Vor allem aber sorgte Linné dafür, dass in der Botanik konsequent eine systematische Nomenklatur der Arten zur Anwendung kam, wie wir sie noch heute kennen. Das Jahr 1753 ist somit das Jahr Null der botanischen Namensgebung, denn damals wurden alle bekannten Gewächse von Linné benannt und in sein System einsortiert. Diese Sammlung wurde seitdem ergänzt, verfeinert und auch korrigiert.

Während ein Botanischer Garten eher nicht der Idee folgt, die Pflanzen wie Fuchs alphabetisch zu sortieren, findet sich in den Rabatten durchaus eine Abbildung der natürlichen Ordnung. In sogenannten »Systematischen Abteilungen« werden Pflanzen unter Berücksichtigung ihrer Verwandtschaftsverhältnisse angepflanzt, nahe Verwandte wohnen nahe beieinander, entfernte Verwandte stehen in größerer räumlicher Distanz. Diese Abteilungen dienen dem Studium und der Lehre, sie veranschaulichen die feinen Unterschiede zwischen nahe verwandten Arten, erlauben die morphologische Abgrenzung von Fenchel, Kümmel und Wiesenbärenklau. Besonders aber zeigen sich dem geübten Auge aufgrund der präsentierten Vielfalt die evolutionär entstandenen übergeordneten Muster, beispielsweise Blütensymmetrie, Blattgestalt und Fruchtform der Schmetterlingsblütler im Vergleich zu der der Rosengewächse.

Neben diesem Kernstück des Gartens werden häufig anhand der angelegten Bepflanzung weitere botanische Konzepte vermittelt. Oftmals liegen dabei ökologische Gesichtspunkte zugrunde, sei es in Tropenhäusern oder Teichanlagen. Es werden Pflanzen miteinander kombiniert, die aus ähnlichen Ökosystemen oder Klimazonen stammen, die in ihrer natürlichen Umgebung vergleichbaren Umweltbedingungen ausgesetzt sind. Dabei finden auch geografische Aspekte eine Berücksichtigung. So können beispielsweise die Vegetation der nördlichen Kalkalpen inklusive der Simulation der Höhenstufen ein sehr differenziertes Bild spezieller Pflanzengesellschaften zeichnen, es können aber auch die Bäume Nordamerikas die Vielfalt eines Kontinents abbilden.

Das Konzept der Pflanzengesellschaften setzt dabei auf die Abbildung von pflanzlichen Lebensgemeinschaften in Abhängigkeit von ihren Lebensbedingungen, und kann zum Beispiel dem Studium der Pflanzengeografie oder Geobotanik dienen.

Das Konzept der Zusammenfassung der Pflanzenwelt eines geografisch klar abgegrenzten Gebietes spiegelt sich in der Buchwelt in den sogenannten Florenwerken wider. Der aus dem Harz stammende Arzt und Botaniker Johannes Thal wird mit der 1588 posthum erschienenen *Sylva hercynia* [Harzer Wald] als Erfinder dieser Gattung gehandelt. Freilich hat das Buch einen entscheidenden Vorteil gegenüber dem Garten. Die Beschreibung einer Traubeneiche und das gedruckte Bild eines Mammutbaumes nimmt deutlich weniger Raum ein als der Baum selbst; daher können übrigens Gärten keinen Anspruch auf Vollständigkeit erheben, wie es dem Buch erlaubt ist.

Manchmal gelingt es, funktionelle Aspekte anhand von Gartenanlagen zu veranschaulichen. Die durch Funktionalität und Mechanismen bedingten morphologischen Ähnlichkeiten bedingen nicht zwingend eine enge verwandtschaftliche Beziehung zwischen den Trägern dieser Merkmale. So verteilen sowohl die Spritzgurke, ein Kürbisgewächs, als auch das Springkraut ihre Samen ballistisch: Die reifen Früchte bauen einen hohen Druck auf, zerplatzen bei Berührung und schleudern die Samen dabei meterweit. Verwandt sind beide Arten jedoch nur sehr entfernt. Schlussendlich darf jeder Hobbygärtner seine privaten Prioritäten setzen und etwa nach der idealen Kombination der Blütenfarben und Blattgrößen streben.

Ob wissenschaftlich oder nicht, Pflanzen lassen sich nach vielerlei Gesichtspunkten sortieren. Die Art und Weise, wie sie am Ende sortiert sind, hängt davon ab, welches Ziel mit ihrer Anordnung erreicht werden soll. Über allem steht jedoch die natürliche Ordnung. Die Zahl der uns bekannten biologischen Arten ist bis heute in die Millionen gewachsen. Gleichzeitig ist in den vergangen Jahren die Technologie zur Entschlüsselung der genetischen Informationen nicht nur immer genauer sondern auch immer kostengünstiger geworden, und die Rechenleistung der Computer zu deren Auswertung nimmt weiter zu. Unser Bild der belebten Natur wird damit kontinuierlich vollständiger und vielschichtiger. Wir nähern uns Schritt für Schritt dem Wissen über die natürliche Ordnung – dem heiligen Gral der Biologie, einer Darstellung der Keimbahnen, der wahren Verwandtschaftsverhältnisse zwischen Arten, Gattungen, Familien, kurz: der gesamten belebten Natur als Abbildung der Evolution und somit der Naturgeschichte unseres Planeten.

Abb. 13: Übersicht wichtiger pflanzlicher Merkmale, die Teile 1-23 veranschaulichen das System von Linné (Bellermann 1788).

Ulrich Johannes Schneider

Über das Sammeln von Büchern, Bildern und Pflanzen

Rudolph Benno von Römer war ein Sammler von Pflanzenbüchern. Allerdings sind die meisten seiner Pflanzenbücher selber Sammlungen – in sozusagen zweiter Dimension – von Autoren, Künstlern oder Druckern, die natürliche Gewächse nach verschiedenen Kriterien in Buchform zusammenstellen. Dabei verlassen sie sich – und das ist die dritte Dimension – auf bereits vorliegende Zusammenstellungen in Gärten oder Habitaten. Mit anderen Worten: Pflanzen treten niemals einzeln auf, sondern fast immer als Sammlung. Was in der Natur oft, aber oft wie zufällig vorliegt, sind streng an natürliche Bedingungen geknüpfte Ähnlichkeiten von Arten und Gattungen. Was Pflanzen in Buchform darstellen, sind Wissensobjekte in unterschiedlichen Kontexten.

Büchersammlungen

Pflanzenbücher sammeln heißt, eine Bibliothek wie einen Garten anzulegen, ihn langsam auszubauen und zu gestalten. Das Wissen der Botaniker wird Buch für Buch ins Regal gestellt und nach Abteilungen gegliedert. Die Beschreibungen und Abbildungen der Blumen und Sträucher, Bäume und Kräuter werden in ihrer Buchform zu Orten im Horizont des Sammlers, gehorchen seinen Interessen und Vorlieben. Rudolph Benno von Römer hatte viele Interessen und offenbar wenig Vorlieben; seine Pflanzenbuchsammlung ist breit angelegt. Die botanischen Kenntnisse des Sammlers, erworben durch einige Semester an der Universität Leipzig, ebenso wie die für die Sammlung eingesetzten Gelder, erlaubten ihm eine Offenheit für die ganze Produktion einschlägiger Bücher. Sein Katalog ist kein systematisches, sondern ein alphabetisch nach Verfassern geordnetes Werk: Er ergänzte handschriftlich eine 1819 gedruckte Übersicht botanischer Literatur, sobald Zukäufe von Neuerscheinungen getätigt wurden [Abb. 14].

Römer sammelte nach vorne und nach hinten: Er kaufte bekannte ältere und neue Titel. Oft waren die Auflagen botanischer Bücher klein, insbesondere wenn sie farbige Abbildungen enthielten. Denn diese waren Bild für Bild handgemalt. Die Drucktechniken des 19. Jahrhunderts erlaubten zwar farbige Drucke, ab den 1830er Jahren vorzugsweise als Steindruck, aber diese Lithografien waren selbst nur aufwendig herzustellen, so dass – jedenfalls in der Sammlung Römers – die Pinselarbeit typisch blieb. Eine Pflanzenbuchsammlung stellte damals auch eine Sammlung von Kunstwerken dar; sie ist es bis heute. Nicht selten sind die Texte zweitrangig, aus anderen Büchern übernommen, aber die Darstellungen original und Quelle des eigentlichen Werts der Bücher. Zeichner und Stecher, Drucker und Maler sind oft die wahren Autoren. Pflanzenbücher sind bis heute beeindruckende Gesamtkunstwerke.

Bildersammlungen

Was in einem Pflanzenbuch versammelt wird, gehört in einen mehr oder minder präzise umrissenen Zusammenhang. Dieser kann geografisch sein (»Die Pflanzen Griechenlands«) und hat mit dem Druckdatum noch einen zusätzlichen Indikator der Chronologie. Der Zusammenhang kann auch medizinisch sein, wie bei den allezeit populären Kräuterbüchern, und hat dann eine konkrete Dimension der Anwendung. Nicht wenige Pflanzenbücher sind didaktisch: Man kann mit ihnen lernen, Pflanzen zu identifizieren. Andere sind systematisch: Sie exponieren bestimmte Arten oder Pflanzengruppen und bilden eine möglichst große Diversität ab.

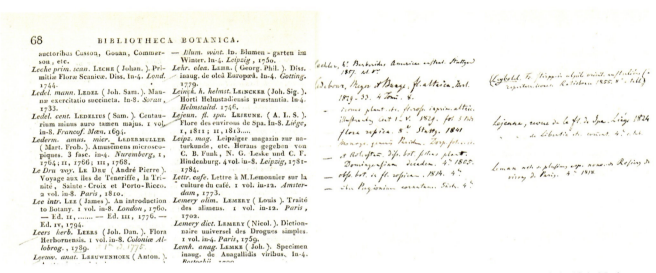

Abb. 14: Der »Katalog« der Sammlung Römers, von diesem selbst geführt: Abgehakte Titel auf der Druckseite links und handschriftliche Nachträge auf der zusätzlich eingebundenen Leerseite rechts ergänzen sich. (Candolle 1819, UBL: Bibliogr.1059-b)

Bei allen diesen Buchtypen sind die Abbildungen wichtig, meist prominent. Es sind in jedem Fall Bilderserien, Verwandlungsketten, nur ausnahmsweise Pflanzenportraits.

In Pflanzenbüchern leitet das Wissen die Darstellung und Ordnung; ein irgendwie geartetes botanisches System wird immer angenommen und bestätigt. Pflanzenbücher sind wie gesäuberte Rabatten: In jedem Fall gibt es eine Beziehung des Benachbarten. Nur wenige dünne oder kurze Pflanzenbücher existieren. Selbst die schwer herzustellenden Pflanzenselbstdrucke wurden in Hundertschaften vermarktet [Abb. 15]. Die Serie ist ein Kennzeichen der Gattung, auch und gerade der farbig bebilderten Exemplare.

Das Bild gewinnt zusätzliche Prominenz, wo das Ordnungsgefüge schwach ist, beispielsweise durch vage Kenntnis oder unsichere Bestimmung. Dann lauten die Titel häufig »Seltene Pflanzen« und betonen des Öfteren,

dass die gezeigten Exemplare bislang nicht oder nur schlecht beschrieben seien. Dies verweist auf den nie zu tilgenden Entdeckungseifer der Pflanzenkenner: Dauernd wird Neues gefunden. Die Bilder verbürgen dann Authentizität – nicht die einer bekannten Ordnung, sondern die einer frischen Entdeckung.

So ahmen Pflanzenbücher durch ihre Bilderserien einerseits die Naturverhältnisse nach, indem sie zeigen, was zusammen wächst oder gemeinsame Eigenschaften hat, und andererseits fordern sie das Wissen der Zeit immer wieder durch die Exposition des Unbekannten heraus. Man hat vielfach bemerkt, dass es keine wirklich realistische Darstellung von Pflanzen geben kann. Selbst ein großer Künstler wie Albrecht Dürer manipulierte die Schatten, um Gräser deutlicher zeigen zu können. Am Zeigen liegt alles, denn das Pflanzenbild ist zum Studieren da. Seitdem man begann, die Blütenstände im

Detail zu analysieren, um die Wege der Befruchtung zu erfahren, bekamen die Repräsentationen der ganzen Pflanzen kleine Bildchen mit Detaildarstellungen beigesellt [Abb. 16]. Man hat zur Verbesserung der Farbgebung Musterblätter mit codierten Farbnuancen entwickelt. All das dient der Bildkultur, die im Falle der Pflanzenbücher immer zwei Ziele hat: die Abbildung der Natur im Sinne der Erkenntnissicherung und die Anwaltschaft der Natur im Sinne der Erkenntniserweiterung. Ästhetik, die sich als Farbigkeit und Eindrücklichkeit manifestiert, ist hier Funktion.

Pflanzensammlungen

Ob als Beschreibung des Bekannten oder Exposition des Unbekannten, Pflanzenbücher kultivieren Pflanzen, die in den meisten Fällen bereits kultiviert sind, nämlich dort, wo sie gefunden werden. Bei Nutzpflanzen wie Heil- oder Küchenkräutern und etwa bei Hölzern ist das klar, aber auch Farne und Moose, Kakteen und andere exotische Pflanzen erscheinen im Buch oft erst dann, wenn sie bereits in Gewächshäusern gezogen werden. Welches Empfinden Pflanzen in der freien Natur auch immer auslösen mögen, es wird schnell von anderen Hinsichten überlagert:

Sammlungen von Heilkräutern repräsentieren Apotheken. Länderbezogene Rabatte orientieren sich an der geografischen Nähe und halten ein kulturwissenschaftliches Interesse fest. Botanische Gärten sind Sammlungen, die bestimmte Auswahlkriterien respektieren. Sie sollen nützlich sein (Medizin, Küche), Gartenpflanzen produzieren (Hof- und Gartenkultur) oder praktische wie wissenschaftliche Untersuchungen befördern (Züchtung). Durch die Ordnungen der Anpflanzungen selbst hebt

Abb. 15: Ein berühmter Pflanzenselbstdruck aus dem 18. Jahrhundert, mit der Bezeichnung »Centur. VI«, d. h. sechstes Hundert Bilder (Kniphof, 1759)

der botanische Garten das örtliche Wissen sozusagen vom Boden ab, entlokalisiert es und kommuniziert es den Besuchern – und den Lesern solcher Bücher, die die Gartenordnung reproduzieren.

Man kann noch weiter gehen, denn vor den Gärten gibt es die Samen und Zwiebeln, aus denen Pflanzen wachsen. Gärtner pflanzen meist etwas zuvor Gesammeltes an, pflegen es, vermehren es, verändern es durch

Züchtung. Wenn die Proben der Natur nicht mehr zum Wachsen gebracht werden können, wie oft bei Mitbringseln aus entfernten Ländern, hat man getrocknete Pflanzen gesammelt und abgelegt – selbst in Büchern. Herbarien sind Gärten des nicht genutzten Pflanzenguts, Datenbanken der Wachstumspotentialität.

ren wird die Genauigkeit der Darstellung verbessert, mit immer größerer Kontrolle entwickelt sich ein Wissen der Experten, das nur noch Neuentdecker respektiert. Wenn am Ende dieser Entwicklung, in der Mitte des 19. Jahrhunderts, die Botanik als Naturwissenschaft reklamiert wird, sind die Pflanzenbücher als Wissensvermittler längst unentbehrlich geworden. Denn wieweit auch immer die Ordnungsmodelle entwickelt und verfeinert werden, sie müssen an den vorhandenen Arten prüfbar sein. Und massenhaft strömen neue Pflanzenkenntnisse durch Bücher aller Art in das europäische Wissen ein.

Das Sammeln der Pflanzen und ihrer Samen produziert Erweiterungen der natürlichen Welt, dann aber Differenzierungen in ihrer Benennung, Komplizierungen in ihrer Einordnung. Pflanzen sind kulturell bedeutsam in mehreren Dimensionen: als Teile der Natur, der Bild- und Textkultur sowie der Wissenschaft. Wenn jemand wie Rudolph Benno von Römer nicht aufhört zu sammeln, zeugt das von der Faszination eines Wissens, das selbst aus Sammlungen entsteht.

Abb. 16: Die Blüte im Detail (Dreves 1794, Taf. XIV, Ausschnitt)

Vom 16. zum 19. Jahrhundert lässt sich an den Pflanzenbüchern die Etablierung der Pflanzen als Wissensobjekte studieren. In immer neuen technischen Verfah-

23

Claus Nissen

Die botanische Zeichnung

Um eine gute botanische Abbildung zuwege zu bringen, genügt es nun nicht, einfach irgendein Exemplar sozusagen wortgetreu abzumalen. Weder darf die als Vorlage gewählte Pflanze durch zufällige Standortsbedingungen zu üppig oder zu mager sein, noch gar durch gewaltsame Einwirkung verletzt oder verstümmelt. Schon weil sich eine gepflückte Pflanze äußerst rasch verändert, besonders in der warmen Jahreszeit, wird man, um stets eine lebend aussehende Pflanze vor sich zu haben, mehrere Exemplare nacheinander zu Rate ziehen müssen. Denn nicht jeder hat eine so schnelle und sichere Hand. Da zudem viele Pflanzen nicht alle Teile gleichzeitig ausbilden, wird es auch aus diesem Grunde notwendig sein, mehrere Exemplare heranzuziehen oder einzelne Teile, etwa die Früchte, später nachzutragen.

Nun sollen in der Darstellung Blätter und Zweige dem Beschauer möglichst zugewandt sein, doch ohne unnatürlichen Zwang, und überhaupt jede Fläche, so weit wie möglich, ohne Verkürzung wiedergegeben werden. Auch einige Blüten müssen so gewandt sein, dass ihre inneren Teile erkennbar werden. Alles dies erfordert eine sorgfältige Zurichtung. Dazu müssen noch solche Blätter und Zweige, die andere überdecken würden, weggeschnitten werden, doch so, dass ihre Ansatzstelle sichtbar bleibt. Dies ist notwendig, nicht nur um Überschneidungen, welche die Deutlichkeit beeinträchtigen würden, zu vermeiden, sondern auch deshalb, weil ohnedem die Abbildung unnatürlich, weil zu voll, wirken würde, nicht nur bei Verkleinerungen, sondern schon bei natürlicher Größe. Ebenso wie das Habitusbild idealistisch vereinfachend gearbeitet werden muss, um die Darstellung möglichst einprägsam zu gestalten, ist also auch das dokumentarische Bild keineswegs krass veristisch. Es muss nicht nur gewissermaßen eine Idealform der Pflanze gefunden, sondern diese dann auch noch in

einer oft recht unnatürlichen Weise angeordnet werden. Nimmt man hinzu, dass die für die Bestimmung besonders wichtigen Teile, wie Blüten und Früchte, meist in Vergrößerung, sowohl als Ganzes wie in ihren Teilen, gesondert abzubilden sind, oft auch noch ein Habitusbild hinzukommt, so wird klar, dass eine Möglichkeit zu künstlerischer Komposition kaum noch gegeben ist, dass es sich nur noch darum handeln kann, eine möglichst geschmackvolle Anordnung zu finden und eine Überladung des Bildes zu verhindern.

Die Schwierigkeiten wachsen ins Ungemessene, wenn nach getrockneten und gepressten Herbariumspflanzen gearbeitet werden muss, besonders wenn diese aus den Tropen stammen oder die Tropen passiert haben. Um der Vernichtung durch Insektenfraß zu entgehen, müssen diese nämlich in Alkohol aufbewahrt oder mit Alkohol übergossen werden, wodurch das Blattgrün zerstört und in ein unansehnliches Braun verwandelt wird. Wenn es trotzdem manchen Künstlern gelungen ist, auch nach derartigen Vorlagen lebensvolle Bilder zu schaffen, so ist das eine Leistung, die den bewundernden Ausruf Goethes wohl verdient, mit dem er seinen Aufsatz über Blumenmalerei schließt: »Dass irgendjemand eine solche Aufgabe zu lösen unternähme, würden wir nicht denken, wenn wir nicht ein paar Bilder vor uns hätten, wo der Künstler geleistet hat, was einem jeden, der sich's bloß einbilden wollte, völlig unmöglich scheinen müsste.«

Bei der Wichtigkeit, die jedem Merkmal zukommt, ist eine genaue Zeichnung Haupterfordernis, am besten auf glattem Papier und mit scharfen, eindeutigen Konturen, die auch durch nachfolgende Schattierung oder Kolorierung nicht mehr überdeckt werden können. Bei dem Fehlen von Überschneidungen und starken Schatten sowie von Hintergrundfiguren erzeugt diese überdeutliche Konturierung, unterstützt durch das große Format, leicht einen Eindruck des Flächenhaften, der stark unnatürlich wirkt und auch durch Farbigkeit nicht mehr aufgehoben werden kann. Man wird derartigen Abbildungen gegenüber sich stets der schwierigen Bedingungen, unter denen sie entstanden sind, bewusst bleiben müssen, wenn man dem Künstler gerecht werden will. Welche Sorgfalt erfordern allein schon die Blätter! Die mannigfachen Formen der Umrandung, des Faserverlaufs oder Äderung lassen sich ohne eindringliche Beobachtung jeder Einzelheit nicht fehlerfrei wiedergeben, nun gar in perspektivischer Verkürzung. Die ganze Kunst auch eines guten Zeichners erfordert es, ihren feinen Überzug richtig wiederzugeben, das Feinhaarige, Wollige, Zottige oder Spinnenwebenartige, das durch den so hervorgerufenen Eindruck des Reifartigen oder Glänzenden so viel zum charakteristischen Aussehen einer Pflanze beiträgt. Von gleicher Wichtigkeit ist es, ob sie fleischig, hart oder elastisch, trocken oder saftig wirken. Falsch angesetzte oder unterbrochene Rippen, nicht an der der Mittelrippe ansetzende Adern, seltsame unnatürliche Windungen der Umrisslinien sind Folgen einer Unachtsamkeit, denen man nicht selten begegnet.

Die Blüten dagegen sind wegen ihres meist klareren architektonischen Aufbaues verhältnismäßig leicht darzustellen [Abb. 17]; auch sind ihre Stellungsmöglichkeiten weniger mannigfaltig als die der Blätter. Immerhin darf der Zeichner nicht den Fehler begehen, alle Blüten in eine Richtung blicken zu lassen, oder zu einem Knäuel geballt in einer einzigen Rispe anzuordnen, was man besonders häufig bei Abbildungen findet, denen Herbarpflanzen zugrunde lagen. Nicht nur, weil es aus wissenschaftlichen Gründen nötig ist, sie in allen möglichen Stellungen zu zeigen, sondern schon, weil es nicht natürlich ist. Dass die Zahl der äußeren Blütenblätter, ebenso

wie die der Zähne an ihren Spitzen und ihre Stellung zu den Kelchblättern, genau wiedergegeben werden muss, ist selbstverständlich; bei den inneren Blüten, die wie bei den Kompositen, oft zu zahlreich sind, um ohne Verwirrung vollzählig wiedergegeben zu werden, kann man sich dagegen oft auf die mehr hervorstechenden Antheren und Stempel beschränken. Wichtig ist es, die

Abb. 17: Verschiedene Darstellungen von Aloë-Pflanzen mit Blütendetails. Von links oben nach unten aus: Munting 1682, Camerarius 1588 und Andrews um 1800.

Blüte richtig auf den Blütenstiel aufzusetzen, wozu man in der ersten Skizze den Stengel bis ins Zentrum der Blüte verlängert, um dann von da aus die Blütenblätter ausgehen zu lassen. Besonders bei hängenden oder unregelmäßigen Blüten ist dies ein nützliches Hilfsmittel. Da nie zwei Blumen völlig gleich sind, muss der Künstler den goldenen Mittelweg zu finden wissen und nicht etwa vorhandene Abweichungen in Form oder Farbe noch übertreiben. Besonders bei den proteusartigen Orchideen muss ihm eine genaue Kenntnis der normalen Form zu Gebote stehen, damit er nicht durch allzu genaue Wiedergabe des ihm vorliegenden Exemplars ungewollt Anlass zur Schöpfung einer neuen Art oder Varietät biete.

Einen wichtigen Bestandteil jeder botanischen Abbildung machen seit Linné die Blütenanalysen aus. Entsprechend ihrer Bedeutung sollen sie nicht zu klein ausgeführt oder gar versteckt angebracht werden, wie man dies in älteren Werken häufig findet. Den stärksten Beweis für das Können eines botanischen Zeichners bildet die Analyse der Blüte einer Herbarpflanze, womöglich klein, wurmzerfressen und verklebt, ohne Verwandtschaft mit einer ihm bekannten Pflanze. Dies kann nur jemand gelingen, der ganz in den Geist der Botanik eingedrungen ist. Doch auch die zahllosen sonstigen, oft unscheinbaren Einzelheiten, wie Form und Krümmung der Stengel, Lage und Ansatzwinkel der Haare und Stacheln – die schon manche Streitereien unter den Botanikern veranlasst haben, wie etwa bei den artenreichen Rosen oder Brombeeren – oder Äderung der Blätter und Blütenblätter erfordern eine so eindringliche, geradezu wissenschaftliche Beobachtungsgabe, dass es nicht verwundern kann, wenn mancher Wissenschaftlicher der Mitarbeit seines Zeichners, ohne den ihm vielleicht diese oder jene Eigenart entgangen wäre, dankbar gedenkt.

Aber auch rein zeichentechnische Schwierigkeiten türmen sich oft vor dem Künstler auf, deren Überwindung nur durch unverdrossene Übung möglich ist: Etwa die leise Krümmung eines fast kerzengerade anmutenden Stengels richtig hinzubringen, oder dichtbenachbarte, parallele Linien über lange Strecken durchzuführen, wie bei den Gräsern. Selbst das Schattieren ist nicht ohne Tücken. So sollten etwa auf den Blättern die Schattenstriche nicht der Mittelrippe, sondern den Adern folgen, ebenso auf den Blütenblättern, um so gleichzeitig den Verlauf der Gewebe anzudeuten und um dem Holzschneider oder Lithografen die Arbeit zu erleichtern. Wenn man hört, dass ein so virtuoser Zeichner wie Fitch, dessen Ausführungen wir hier folgen, dies für eine der schwierigsten Aufgaben erklärt, wird man die Arbeit des Botanikmalers doch mit etwas anderen Augen ansehen.

Claus Nissen beschreibt in seiner umfangreichen Studie Die Botanische Buchillustration *(2 Bände und ein Supplementband, Stuttgart 1951) auch die Probleme beim Abzeichnen von Pflanzen. Der Buchhistoriker Nissen (1901–1975) stützte sich dabei auf Beiträge des Pflanzenzeichners Walter Hood Fitch (1817–1892), die dieser in der Zeitschrift* Gardener's Chronicle *1869 publiziert hatte. Der vorstehende Text ist ein Auszug aus dem Vorwort von Nissen zu Bd. 1, S. 7–9. Der Abdruck geschieht mit freundlicher Genehmigung des Hiersemann-Verlags Stuttgart.*

Sachiko Kusukawa

Die Natur vor Gericht

Es sind kaum Klageschriften überliefert, die sich speziell auf das Verhältnis von Bildern zu wissenschaftlichen Objekten beziehen. Eine Ausnahme bildet der bekannte Streit zwischen dem Straßburger Verleger Johannes Schott und dem Frankfurter Verleger Christian Egenolff (Originaldokumente siehe Altona 1892 bzw. Grotefend 1881). Im Jahre 1533 publizierte Egenolff das *Kreuterbuch*, herausgegeben von Eucharius Rösslin (ca. 1470–1526), worin in kleinerem Format die Bilder aus Brunfels' *Vivae eicones herbarum* [Pflanzen lebensecht gedruckt] durch Schott kopiert wurden. Schott verklagte Egenolff vor dem Reichskammergericht wegen der Verletzung des Reichsprivilegs, welches seinem Buch einen Kopierschutz für 6 Jahre garantierte (Altona 1892, 899–900).

Egenolff verteidigte sich, indem er die folgenden Punkte anführte (Grotefend 1881, 16–17). Einmal basiere sein *Kreuterbuch* auf einem älteren Werk des früheren Stadtarztes von Frankfurt, Johannes von Cuba, und die Abschrift eines 30-40 Jahre alten Buches sei nicht verboten (von Cuba starb um 1504, NDB 1957, 435–436). Zum Zweiten enthalte Egenolffs Buch 50 Bilder, die sich nicht bei Schott befinden, sowie 50 Bilder nicht, die sich wiederum bei Schott befinden. Demnach fallen 100 Bilder aus dem Vergleich, weshalb Egenolffs Buch nicht als eine Kopie desjenigen von Schott angesehen werden dürfe. Zum Dritten ähnelten sich Pflanzen natürlicherweise, denn man könne nicht das Bild des Rosmarins, einer Narzisse oder des Borretsch anders anfertigen als die Pflanzen nun einmal sind (Altona 1892, 901). Die Vorstellung, dass das Reichsprivileg im Falle der Veröffentlichung eines Pflanzenbuchs bedeute, dass man eine Pflanze mit längeren oder breiteren Blättern darstellen solle, auch wenn sie in Wirklichkeit schmale und kurze Blätter habe, sei völlig absurd. Zum Vierten argumentierte Egenolff, Druckprivilegien für Dürer oder Jacopo

de' Barbari hätten nicht eingeschlossen, dass kein anderer Maler den gleichen Gegenstand malen dürfe, beispielsweise Adam und Eva (Altona 1892, 901).

Die letzten beiden Punkte beleuchten besonders gut die Position eines Verlegers in Bezug auf das Wiederverwenden von Bildern von Naturgegenständen. Für Egenolff schließen Druckgenehmigungen bei Bildern nicht den Gegenstand des Bildes ein, sondern lediglich ihre Form. Aber auch eine Kopie dieser Formen sei, wie im Fall der Pflanzenbilder, gewissermaßen unvermeidlich, weil Pflanzen so dargestellt werden müssten, wie sie sind. Eine Narzisse werde immer einer anderen Narzisse gleichen; daher seien Pflanzendarstellungen einander immer ähnlich. Egenolff scheint implizit zu argumentieren, dass ein Verbot der Ähnlichkeit zwischen Bildern von Pflanzen auf das Verbot hinauslaufe, die Gegenstände selbst darzustellen. Es scheint also, als ob Egenolff bei der Darstellung von Naturgegenständen »künstlerische Freiheiten« nicht gelten lassen wollte. Der Ausgang der Klage von Schott ist unbekannt.

Auch wenn Egenolff nicht ganz aufrichtig war, so war er doch zumindest im Einklang mit sich selbst: 1543 brachte er die von Walter Hermann Ryff auf Latein besorgte Ausgabe von Dioskurides' *De materia medica* [Über Medizin] heraus, mit Bildern, die aus Fuchs' *De historia stirpium* [Über Pflanzen] stammten, erschienen im Jahr zuvor. Gegen Fuchs' Vorwurf des Diebstahls setzte Egenolff die folgenden Argumente: Fuchs solle sich nicht über Egenolffs Bilder und deren Ähnlichkeit zu seinen ärgern. Nicht nur, weil acht Jahre bevor Fuchs' Buch publiziert wurde, bereits 600 von Egenolffs Bildern vorhanden waren. Maler versuchten ohnehin immer, sich gegenseitig auszustechen Außerdem, wenn der Reiz in den Dingen liege, die nicht anders dargestellt werden könnten, als in der Art und Weise, wie die Natur sie hervorbringt, gehöre der Ruhm zuerst dem Schöpfergott, dann erst dem Künstler und keinesfalls dem Autor – wie Fuchs versuche nahezulegen, indem er sein eigenes Portrait ins Buch setzen ließ [Abb. 18] (Egenolff 1544, b4v).

D. Leonhart Fuchs/feins alters im XLII Jar.

Abb. 18:
Leonhart Fuchs hat sich
als Autor 1542 selber
ins Buch gesetzt. (UBL:
Botan.19-b)

Hier erkennt man deutlich ein Echo von Egenolffs früherer Argumentation: Die Natur, also Gott, schafft Pflanzen auf eine bestimmte Weise, welche die Formen der Bilder einander gleichen lässt, weshalb Ähnlichkeit zwischen Bildern derselben Pflanze unvermeidbar ist. Egenolff ergänzte nun, dass der Künstler verantwortlich für das Bild sei, und nicht der Autor. Diesem wirft er Selbstverherrlichung vor, weil er sein eigenes Bild ins Buch mit aufgenommen habe. Fuchs antwortete in

Adversus Mendaces et Christiano homine indignas, Christiani Egenolphi typographi Francoforti [Antwort gegen die lügnerischen und eines Christenmenschen unwürdigen Vorwürfe von Christian Egenolff, Verleger in Frankfurt], dass Egenolffs Position absurd sei, weil zwei Beifußpflanzen nicht exakt dieselbe Form hätten; wenn also zwei Maler an zwei unterschiedlichen Orten den Beifuß darstellten, hätten sie nicht dieselben Umrisslinien (*lineamenta*) oder denselben Zusammenhang (*schema*) vor sich (Fuchs 1545, D1r).

Es gibt also zwei entgegengesetzte Annahmen bezüglich der Haltung zum Bildplagiat von Naturgegenständen. Die eine Position fußt auf der Annahme, dass Exemplare derselben Art in der Natur im Wesentlichen dieselbe Form besitzen. Somit lässt sich argumentieren, dass durch die Kraft der Natur Darstellungen von natürlichen Gegenständen der Form nach konvergieren; daraus folgt weiterhin, dass Ähnlichkeiten zwischen Bildern derselben natürlichen Arten, auch wenn durch verschiedene Künstler hergestellt, unvermeidlich sind, und dass sie nicht als das Ergebnis absichtlichen Kopierens oder eines »Diebstahls« angesehen werden sollten. Die andere Position sagt, dass kein einziges Exemplar einer gegebenen Art ganz genau dieselbe Form wie ein anderes Exemplar derselben Art habe, und dass darum Bilder derselben Pflanzenart in der Form divergieren, wenn sie von verschiedenen Exemplaren ausgehen. Wenn Umrisslinien und der Zusammenhang bei zwei Bildern derselben Art gleich sind, impliziert das ein absichtliches Kopieren.

Beide Positionen mögen verständlich erscheinen: Die eine von einem Verleger vorgetragen, der seinen Gewinn durch die Herstellung preiswerter, kopierter Bilderbücher erwirtschaftet, die andere von einem gelehrten Arzt, der die Holzschnittarbeit seines Künstlers Veit

Rudolf Speckles [Abb. 19] sowie seine eigenen finanziellen Investitionen schützen will. Die Position von Fuchs mag ironisch wirken, weil er danach strebte, seine Bilder so »vollständig« wie möglich zu machen, damit also allgemeine Argumentationen unterstützte, die sich nicht auf die Besonderheiten individueller Beispiele fokussierten. Derart universalisierte Bilder müssen einander gleichen, auch wenn die Betonung von Fuchs auf Umrissen und Zusammenhängen liegt und impliziert, dass er an die Freiheit der Künstler glaubte, wenn es um die Repräsentation allgemeiner Bilder geht. Das stimmt mit seiner Hochschätzung für seine eigenen Künstler überein, die er ebenfalls im Bild in seinem Buch festhielt.

Letztlich zeigt der Disput zwischen Fuchs und Egenolff auch, dass weder Verleger noch Autor es für denkbar hielten, Druckprivilegien auf den Gegenstand oder das dargestellte Naturobjekt selbst zu beziehen. Gestritten wurde darum, ob Abbildungen von natürlichen Objekten gesetzlich geschützt werden können. Die Antwort lief darauf hinaus, Künstlern eine relative Freiheit zuzusprechen, wenn sie Gegenstände darstellen, deren Formen durch die Natur bestimmt sind.

Der Verleger Egenolff war durch Klagen und Kontroversen nicht zu ermüden. Indem er weiterhin Bilder aus fremden gedruckten Büchern kopierte und sie neben ähnlichen Abbildungen oder aber unterschiedlichen Texten in Büchern kleineren Formats reproduzierte, hat er immer wieder die Gelegenheit eines schnellen Gewinns genutzt. Er verärgerte Schott, Fuchs, Speckle und zweifellos viele andere damit, es war aber eben Geld im Spiel. Als Egenolff starb, hinterließ er seiner Witwe ein Vermögen von 16.000 Gulden und machte sie damit zur damals größten Steuerzahlerin in Frankfurt am Main (Grotefend 1881, 22).

Veyt Rûdolff Speckle formschneider.

Abb. 19: Veit Rudolph Speckle war als Verfertiger der zahlreichen Holzschnitte ebenfalls im Buch abgebildet. (UBL: Botan.19-b)

Text aus einem 2012 veröffentlichten Buch der Wissenschaftshistorikerin Sachiko Kusukawa über Pflanzenbücher des 16. Jahrhunderts: Picturing the Book of Nature. *Daraus ist die vorstehende Passage ein Auszug, im Original S. 87–90. Die Abbildungen stammen aus der UB Leipzig. Übersetzer: Ulrich Johannes Schneider. Wir danken Chicago University Press für die freundliche Genehmigung der Übersetzung und des Abdrucks.*

Verzeichnis der zitierten Literatur

Archivalien

· *in der Universitätsbibliothek Leipzig:*
Abschrift des Testaments von R. B. von Römer
(UBL, Registratur 603)
Briefe Römers in der Autografensammlung
Gustav Kunze (Ms 0352)
Ms 01043 (Vorlesungsmitschriften Römers)
Ms 01044 (Römers handschriftliche Liste zur
botanischen Terminologie)
Nachlass R. B. von Römer (NL 130–136)
· *im Universitätsarchiv Leipzig:*
Portrait Gustav Kunze, ca. 60 Jahre alt (UA: FS N03427)
· *im Stadtarchiv Leipzig:*
Stadtplan Leipzig von 1840 (StadtAL: RRA (K), Nr. 408)
Wir danken dem Universitätsarchiv und dem Stadtar-
chiv Leipzig für Abdruckgenehmigungen.

Gedruckte Quellen

[Altona 1892] »Aus den Akten des Reichskammerge-
richts«, in: *Zeitschrift für die gesamte Strafrechtswissenschaft,
Altona 1892, 898–913*
Akten des Sächsischen Landtags *(UBL: Parl. 152)*
Bellermann, Johann Bartholomäus: *Abbildungen zum
Kabinet der vorzüglichsten in- und ausländischen Holzarten
nebst deren Beschreibung, Erfurt 1788 (UBL: Botan.63-d)*
Andrews, Henry Charles: *The botanist's repository, compri-
sing coulor'd engravings of new and rare plants, only with bota-
nical descriptions in Latin and English after the Linnaean
System [Botanisches Nachschlagewerk mit farbigen Abbildungen
von neuen und seltenen Pflanzen, nur mit botanischen Beschrei-
bungen auf Latein und Englisch nach dem System Linnés],
London ca. 1799 [UBL: Botan.431-i]*
Botanische Zeitung, *Leipzig 1843–1910 (UBL: Botan. 375)*

Camerarius , Joachim: *Hortvs medicvs et philosophicvs in
quo plurimarum stirpium breves descriptiones, novae icones non
paucae, indicationes locorum natalium, observationes de cultura
earum peculiares, atque insuper nunnulla remedia euporista,
naec non philologica quaedam continentur [Medizinischer und
philosophischer Garten, in welchem viele Pflanzen kurz
beschrieben und mit nicht wenigen Bildern illustriert sind, mit
Angabe des Herkunftsortes und Hinweisen zu ihrer speziellen
Pflege, auch mit Informationen zu Heilwirkungen und
Namensgeschichte], Frankfurt am Main 1588 [UBL:
Botan.437]*
Candolle, Augustin-Pyrame de: *Bibliotheca botanica,
Paris 1819*
Dreves, Friedrich: *Botanisches Bilderbuch für die Jugend und
Freunde der Pflanzenkunde, Bd. 1, Leipzig 1794 (UBL:
Botan.468:1)*
Egenolff, Christian: *Adversum illaberales Leonhardi
Fuchsij, Medici Tubingesis, calumnias [Gegen die wohlfeilen
Verleumdungen des Leonhart Fuchs, Mediziner in Tübingen],
Frankfurt am Main 1544*
Fuchs, Leonhart: *Adversus Mendaces et Christiano homine
indignas, Christiani Egenolphi typographi Francoforti [Antwort
gegen die lügnerischen und eines Christenmenschen unwürdigen
Vorwürfe von Christian Egenolff, Verleger in Frankfurt],
Basel 1545*
Grotefend, Hermann: *Christian Engenolff, der erste
ständige Buchdrucker zu Frankfurt am Main, Frankfurt
am Main 1881*
Hayne, Friedrich Gottlob: *Termini Botanici. Iconibus
illustrati oder Botanische Kunstsprache durch Abbildungen
erläutert, Berlin 1799*
Humboldt, Alexander von: *Reise in die Aequinoctial-
Gegenden des neuen Continents, In deutscher Bearbeitung von
Hermann Hauff; nach der Anordnung und unter Mitwir-
kung des Verfassers; einzige von A. v. Humboldt anerkannte*

Ausgabe in deutscher Sprache, Band 1, Stuttgart 1859
Kniphof, Johann Hieronymus: *Botanica in Originali seu Herbarium vivum [Pflanzen im Original oder lebendiges Herbarium], Halle 1759 (UBL: Botan.71-g)*
König, Peter und Reuß, Cordula: *Gelehrtenbibliotheken als bestandsprägender Faktor in der Universitätsbibliothek Leipzig,* in: *Das Buch in Antike, Mittelalter und Neuzeit. Sonderbestände der Universitätsbibliothek Leipzig, hg. v. Th. Fuchs, Chr. Mackert und R. Scholl, Wiesbaden 2012, S. 221–252*
Kusukawa, Sachiko: *Picturing the Book of Nature, Chicago 2012*
Linné, Carl von: *Species Plantarum, Stockholm 1753*
Matzerath, Josef: *Aspekte sächsischer Landtagsgeschichte. Die Mitglieder und Wahlbezirke der sächsischen Landtage 1833–1952, I. Teil: Mitglieder der sächsischen Landtage 833 bis 1918, Sächsischer Landtag 2011*
Morison, Robert: *Plantarum Historiae Universalis Oxoniensis [Oxforder Universaldarstellung der Pflanzen], 3 Teile, Oxford 1680–1699 (UBL: Botan.22-b)*
[NDB 1957] Neue Deutsche Biographie, Bd. 3, Berlin 1957 http://www.ndb.badw-muenchen.de
Munting, Abraham: *Waare Oeffening der Planten [Wahre Offenlegung der Pflanzen], Amsterdam 1682 [UBL: Botan.453]*
Nissen, Claus: *Die Botanische Buchillustration, 2 Bände und ein Supplementband, Stuttgart 1951*
Reichenbach, Heinrich Gottlieb Ludwig: *Worte zur Erinnerung an Gustav Kunze, Leipzig 1851*

Weitere Quellen

Zu den Vorlesungen an der Universität im Zeitraum 1815–1914, beispielsweise von Gustav Kunze über Botanik, vgl. die vollständig digitalisierten und durchsuchbaren Vorlesungsverzeichnisse auf:

http://histvv.uni-leipzig.de/
Hinweis: Zahlreiche Werke des 19. Jahrhunderts, auch Zeitungen und Zeitschriften, liegen bereits in digitalisierter Form vor und können über verschiedene Suchmaschinen gefunden werden.

Autorinnen und Autoren

Freiberg, Martin, PD Dr. rer.nat.: *Wissenschaftlicher Leiter des Botanischen Gartens (Kustos) Leipzig*

Kusukawa, Sachiko, PhD: *Fellow für Geschichte und Philosophie der Wissenschaften, Trinity College, Universität Cambridge*

Nissen, Claus (02.09.1901 – 12.10.1975): *Bibliothekar an der Stadtbibliothek Mainz und Buchforscher*

Schneider, Ulrich Johannes, Prof. Dr. phil.: *Direktor der Universitätsbibliothek Leipzig und Professor für Philosophie am Institut für Kulturwissenschaften der Universität Leipzig*

Vieler, Astrid, Dr. rer.nat.: *Biologin und Volontärin an der Universitätsbibliothek Leipzig*

Fremde Schönheiten

Mit Entdeckungsfahrten, Eroberungen und Völkerwanderungen verändert sich das Pflanzenwissen, das in den europäischen Botanischen Gärten kultiviert wird. Pflanzenforscher und Botaniker aus der einen Weltgegend gelangen in immer fernere Regionen anderer Weltgegenden und erschließen vorher unbekannte Ökosysteme unterschiedlicher Klimazonen. Die fremden Pflanzen beeindrucken dabei oft mit bisher ungesehener Farbenvielfalt und -intensität.

In eigenen Abteilungen der Botanischen Gärten, in Tropenhäusern, Kakteengärten oder Teichanlagen, können fremde Pflanzen außerhalb ihrer gewohnten Umgebung gezogen werden. Das dient sowohl dem Studium der sonst klimabedingt unzugänglichen Pflanzen, als auch der Bewunderung; Botanische Gärten fördern mit ihren Gewächshäusern das universale botanische Wissen und werben zugleich für den Garten.

Pflanzenbücher dokumentieren Entdeckungen und vermitteln Kenntnisse über fremdländische Arten, die sie in sorgfältig gestalteten Druckseiten ausstellen. Schon seit dem 16. Jahrhundert galt das Bemühen der Pflanzenbuchgestalter vor allem der naturgetreuen Darstellung, gerade auch in der Farbgebung. Diese ist besonders bei exotischen Pflanzen schwer zu erreichen, denn es sind gute Beschreibungen oder Tafeln mit kodierten Farbvarianten nötig, so dass sich Farbwerte zuordnen lassen. Die farbige Gestaltung der Druckseiten war bis ins späte 19. Jahrhundert immer noch eine Aufgabe für spezialisierte Künstler.

Zugleich nutzte man die Drucktechnik, um der realistischen Darstellung oder der eindrücklichen Wiedergabe zu helfen: Man hat das Maß der Seite erhöht und damit das für Textbücher übliche Format überschritten. Die Pflanzenbücher werden dadurch groß und weniger handhabbar, gewinnen aber wissenschaftlich an Gewicht.

Musa coccinea Andrews, dt. Rote Zwergbanane, eine von Fledermäusen bestäubte Art. Andrews gilt mit der hier dargestellten Abbildung als Erstbeschreiber. Die Rote Zwergbanane stammt ursprünglich aus Asien und ist wegen ihrer leuchtendroten Blüten eine beliebte Zierpflanze. [Bd. 1, Taf. 47]

Nymphaea lotus L., dt. Tigerlotus, ist eine in Teilen Afrikas und Madagaskars beheimatete Seerosenart. Populär ist die Art heute auch für die Bepflanzung von Aquarien. [Bd. 6, Taf. 391]

Xeranthemum proliferum, auch <u>*Phaenocoma prolifera*</u> (L.) D. Don, stammt aus dem Fynbos, einem extrem artenreichen Ökosystem in Südafrika. [Bd. 6, Taf. 374]

Antholyza ringens, heute <u>*Chasmanthe aethiopica*</u> (L.) N.E.Br., eine aus Südafrika stammende Schwertlilienart. Ein offizieller deutscher Name existiert nicht, im Englischen wird die Pflanze auch »Cobra Lily« genannt. Die Gattung Chasmanthe ist bekannt dafür, vorwiegend durch Nektarvögel bestäubt zu werden. [Bd. 1, Taf. 32]

 Henry Charles Andrews: The botanist's repository, comprising coulor'd engravings of new and rare plants, only with botanical descriptions in Latin and English after the Linnaean System [Botanisches Nachschlagewerk mit farbigen Abbildungen von neuen und seltenen Pflanzen, nur mit botanischen Beschreibungen auf Latein und Englisch nach dem System Linnés], London ca. 1799 [UBL: Botan.431-i]

 Die prächtige Ausgabe in 10 Bänden (das Leipziger Exemplar in fünf rote Lederdoppelbände gebunden) zeichnet sich durch große Klapptafeln mit farbigen Abbildungen aus.

 Henry Charles Andrews (1770–1830) war ein englischer Pflanzenmaler, Botaniker und Kupferstecher. Seine Pflanzenmalereien sind eher künstlerisch als wissenschaftlich wertvoll.

RHODODENDRUM JAVANICUM.

GUNNERA MACROPHYLLA.

Rhododendron javanicum Benn., es handelt sich hier um die Erstbeschreibung einer Rhododendron-Art, vorgenommen von John Joseph Bennet im vorliegenden Buch. Im heutigen Indonesien existieren viele Arten, die sich untereinander mischen. [Bl. 19]

Gunnera macrophylla Blume, dt. Mammutblatt, zuerst beschrieben 1826 durch den deutsch-niederländischen Botaniker Carl Ludwig Ritter von Blume. Die Gattung Gunnera wurde von Linné eingeführt. Besonders die großblättrigen Arten sind beliebte Zierpflanzen. [Bl. 15]

 Thomas Horsfield: Plantae Javanicae rariores. Descriptae iconibusque illustratae, quas in insula Java, Annis 1802–1818, legit et investigavit [Seltene Pflanzen aus Java, auf Java 1802–1818 gesammelt und erforscht, beschrieben und durch Bilder illustriert], London 1838–1852 [UBL: Botan.265-b] Der Band enthält zusammengebunden die Blätter aus 14 Jahren Publikationszeit. Das Titelblatt vermerkt, dass die Beschreibungen auf Grundlage der getrockneten Pflanzen durch John Joseph Bennett ausgearbeitet wurden und Robert Brown Strukturmerkmale ergänzt habe.

 Ausgemalter großer Kupferstich, teilweise quer in den Band eingebunden.

 Thomas Horsfield (1773–1859) war ein Arzt aus Pennsylvania (USA), der 1801 nach Java kam und Pflanzen und Tiere der Region beschrieb. Er übersiedelte 1819 nach London, war Mitglied mehrerer Akademien und Kurator des Museums der East India Company.

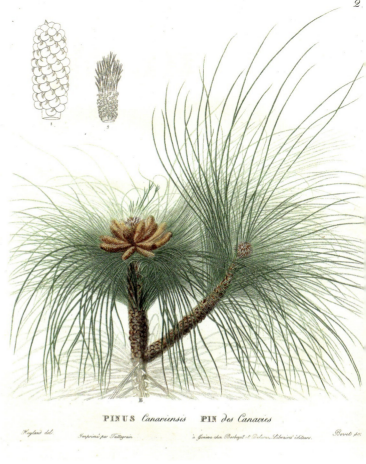

Pinus canariensis C. SM., dt. Kanarische Kiefer, eine der größten Kiefernarten außerhalb der amerikanischen Kontinente, ursprünglich ausschließlich auf den Kanaren beheimatet. Heute wird sie als Zier- oder Nutzpflanze angebaut. Gezeigt werden hier die weiblichen Blütenstände. [Taf. 1]

Pinus canariensis C. SM., dt. Kanarische Kiefer, eine der größten Kiefernarten außerhalb der amerikanischen Kontinente, ursprünglich ausschließlich auf den Kanaren beheimatet. Heute wird sie als Zier- oder Nutzpflanze angebaut. Gezeigt werden hier die männlichen Blütenstände. [Taf. 2]

 Augustin-Pyrame de Candolle: Plantes rares du Jardin de Genève [Seltene Pflanzen des Genfer Gartens], Genf 1829 [UBL: Botan.87]

 Drucker: J. Barbezat & Compagnie, Drucker-Verleger in Genf.

 Augustin-Pyrame de Candolle (1778–1841) lehrte ab 1808 Botanik an der Universität Montpellier und leitete den Botanischen Garten dort. 1816 übernahm er den Lehrstuhl für Botanik und Zoologie an der Universität Genf. 1817 gründete Candolle den ersten Botanischen Garten von Genf. In seinem Buch *Théorie élémentaire de la botanique* [Theoretische Grundlagen der Botanik] stellte Candolle 1813 ein neues Klassifikationssystem für Pflanzen vor.
Rudolph Benno von Römer nutzte die *Bibliotheca Botanica* (1819) von Candolle zum Aufbau seiner Sammlung und als Katalog derselben. [s. o. Abb. 14]

Castalia magnifica, auch <u>*Nymphaea magnifica*</u>. Unter diesem Namen existiert ein Belegexemplar des Herbariums des Botanischen Gartens und Museums in Berlin-Dahlem von J. Milbraed aus dem Jahr 1907 für Tansania. Es ist jedoch nicht zu klären, ob es sich tatsächlich um die hier dargestellte Art handelt. [Taf. 14]

Bromelia aquilega, auch <u>*Aechmea aquilega*</u> (Salisb.) Griseb., eine in Südamerika beheimatete Art aus der Familie der Bromelien und eine Verwandte der Ananas. Viele Bromelien leben allerdings nicht auf dem Boden, sondern als sogenannte Epiphyten auf anderen Pflanzen, häufig auf Bäumen. [Taf. 40]

 William Jackson Hooker: The Paradisus Londinensis or coloured figures of plants cultivated in the vicinity of the metropolis [Londoner Paradies oder farbige Abbildungen von Pflanzen, die in der Umgebung der Metropole gezogen werden], London 1805 [UBL: Botan.470]

 Dieses Werk hat als Autor und Verleger einen Maler, der die 117 Abbildungen herstellt und verlegt, nicht aber druckt. Der erläuternde Text stammt von Richard Anthony Salisbury. Als Drucker fungiert in London D. N. Shury.

 William Jackson Hooker (1785–1865) war ein britischer Botaniker, Professor für Botanik in Glasgow und Direktor des Botanischen Gartens in Kew bei London. Er unternahm weltweite botanische Forschungsreisen. Hooker verfertigte eine umfängliche Beschreibung britischer Moose. Richard Anthony Salisbury (eigentlich Richard Markham) (1761–1829) war ein Britischer Botaniker und Fellow der Royal Society. Ihm wurde vorgeworfen, seine Beschreibungen von anderen Autoren entlehnt zu haben, weswegen seine Namensgebungen oft rückgängig gemacht wurden.

Bromelia humilis Jacq.
Rhododendron ponticum.
Tourn. it. 2. pag. 99

Bromelia humilis Jacq., eine aus Venezuela stammende Bromelienart, die von Jacquin selbst erstmals 1762 beschrieben wurde. Die Art trägt noch heute sein Autorenkürzel »Jacq.«, obwohl einige Datenbanken auch Linné als Erstbeschreiber sehen. [Taf. 13]

Rhododendron ponticum L., eine der zahlreichen Rhododendron-Arten aus dem heutigen Indonesien, die sich untereinander mischen. [Taf. 67]

 Nicolas Joseph de Jacquin: Icones Plantarum Rariorum [Abbildungen seltener Pflanzen], Wien 1781 [UBL: Gr.Fol.1056]

 Der Drucker Christian Friedrich Wappler (1741 – 1807) war u. a. zusammen mit dem Komponisten Mozart in einer Freimaurerloge.

 Nikolaus Joseph Freiherr von Jacquin (1727 – 1817) war ein österreichischer Botaniker und Chemiker und leitete zeitweise den Botanischen Garten der Universität Wien.

Eschholzia californica. Ch.

Kaulfussia amelloides Nees. Die von Nees von Esenbeck selbst beschriebene Pflanze wird heute als *Felicia heterophylla* (Cass.) Grau geführt. Sie gehört zu den Kap-Astern, eine Pflanzengattung, die vor allem in Südafrika mit vielen Arten vertreten ist. [Taf. 11]

Eschscholzia californica Cham., dt. Kalifornischer Mohn. Durch Ludolf Karl Adalbert von Chamisso in der vorliegenden Publikation erstbeschrieben und benannt nach seinem Kollegen Johann Friedrich von Eschscholz. Die Beschriftung der Bildtafel erfolgte abweichend vom Text als »Eschholzia«. [Taf. 15]

 Christian Gottfried Daniel Nees von Esenbeck: Horae physicae Berolinenses, collectae ex symbolis virorum doctorum [Naturkundestunden aus Berlin, zusammengetragen aus den Sammlungen gelehrter Männer], Bonn 1820 [UBL: Botan.50-r]

 Der Drucker Adolph Marcus (gest. 1857) gründete 1818, parallel zur Errichtung der Universität Bonn, dort eine Druckerei.

 Christian Gottfried Daniel Nees von Esenbeck (1776–1858) war ein deutscher Botaniker und Naturphilosoph, der ab 1818 Naturgeschichte und Botanik an der Universität Bonn lehrte. In Bonn leitete er auch den Neuaufbau des Botanischen Gartens.

Dionæa muscipula.

Elichrysum proliferum, wahrscheinlich handelt es sich hier um _Gnaphaliothamnus lavendulaceum_ (G.L.Nesom DC.), einen in Zentralamerika vorkommenden Korbblütler. Ein deutscher Name für diese Pflanze lässt sich nicht ermitteln. [Taf. 8]

Dionaea muscipula J.Ellis, dt. Venusfliegenfalle. An der Ostküste Nordamerikas beheimatete und weithin bekannte fleischfressende Pflanze. [Taf. 48]

Conrad Loddiges, George Cooke: The Botanical cabinet, consisting of coloured delineations of plants from all countries, with a small account of these [Botanisches Kabinett mit farbigen Umrissen von Pflanzen aus allen Ländern, mit einer kurzen Information über dieselben], London 1818 [UBL: Botan.1344]

Auf dem Titelblatt wird George Cooke (1781–1834) als Kupferstecher hervorgehoben. Er illustrierte zahlreiche Pflanzenbücher. Das Buch ist von einer Gemeinschaft Londoner Drucker verlegt worden.

Conrad Loddiges (1738–1826) aus Hildesheim emigrierte mit 19 Jahren, während des Siebenjährigen Krieges (1756–1763), nach Großbritannien, wo er mit Pflanzensamen handelte. Eine der ersten Pflanzen, die in Großbritannien von Loddiges kultiviert wurde, war der Rhododendron.

Fremde Schönheiten

TAB XXV   TAB XXXVIII

Paeonia tenuifoli L., dt. Schmalblättrige oder Feinblättrige Pfingstrose, eine im südlichen Russland, dem Kaukasus und dem Balkan beheimatete Steppenpflanze. [Taf. 25]

Thea bohea, heute *Camellia sinensis* (L.) Kuntze, dt. Teepflanze, aus deren Blättern eines der weltweit beliebtesten Getränke zubereitet wird. Angebaut vor allem im tropischen Südostasien. [Taf. 38]

 Nicolaas Meerburg: Plantae rariores vivis coloribus depictae [Seltene Pflanzen in lebensechten Farben dargestellt], Leiden 1789 [UBL: Botan.47-e]

 Der Titel des Werks spricht eine Hauptschwierigkeit bei der Darstellung seltener Pflanzen an: Wie kann man die originalen Farben wiedergeben? Manchmal nutzten die Sammler Farbkodierungen, oft musste die bloße Beschreibung den Malern und Ausmalern als Information genügen.

 Nicolaas Meerburg (1734 – 1814) war Gärtner, Illustrator und Botaniker. Er leitete den Botanischen Garten in Leiden und arbeitete in dieser Funktion mit der dortigen Universität zusammen. Seine Bücher wurden von ihm selbst illustriert.

Pomum Spinosum Opuntiatum

Opuntia Major Angustifolia.

Pomum spinosum opuntiatum, wörtlich übersetzt etwa: Dornen-reicher und an eine Opuntie erinnernder Apfel. Die kugelige Form und die Anordnung der Stacheln könnten auf einen Kaktus der Gattung Echinocactus hinweisen. Die dreigliedrigen Pflanzennamen aus der Zeit vor Linné erleichtern das Erkennen der Pflanze nicht. [S. 420]

Opuntia major angustifolia, wörtlich übersetzt: Eine große Opuntie mit schmalen Blättern. Die genaue Art ist hier nicht auszumachen, die gezeigte Pflanze könnte tatsächlich der Gattung der Kakteengewächse Opuntia zuzuordnen sein. Die dreigliedrigen Pflanzennamen aus der Zeit vor Linné erleichtern das Erkennen der Pflanze nicht. [S. 419]

Abraham Munting: Waare Oeffening der Planten [Wahre Offenlegung der Pflanzen], Amsterdam 1682 [UBL: Botan.453]

Drucker Jan Rieuwertsz (1617–1685) war ab 1675 offizieller Drucker der Stadt Amsterdam. Die Erstausgabe der Waare Oeffening der Planten erfolgte 1672, eine dritte 1696 und eine vierte auf Latein 1702.

Abraham Munting (1626–1683) übernahm 1658 die Leitung des Botanischen Gartens von Groningen und lehrte als Professor für Botanik an der Universität der Stadt.

CACTUS flagilliformis.　　CIERGE queue de Souris.

P. J. Redouté pinx.

CACTUS cochenillifer.　　CIERGE à cochenille.

P. J. Redouté pinx.　Opuntia Anna Mill.

Cactus flagilliformis, heute <u>*Discocactus flagelliformis* (L.) Barthlott</u>, eine aus Mexiko stammende Kakteenart, die in Höhenlagen bis über 2000 m zuhause ist. [Bd. 1, S. 125]

Cactus cochenillifer, heute <u>*Nopalea cochenillifera* (L.) Salm-Dyck</u>, ein in Zentralamerika verbreiteter strauchig bis baumartig wachsender Kaktus, der bis zu 4 m hoch werden kann. [Bd. 1, S. 131]

 Pierre-Joseph de Redouté: Plantes grasses [Fette Pflanzen], Paris 1802 [UBL: Botan.118-p]

 Es handelt sich um eine Luxusausgabe: sechs farbige Abbildungen auf feinstem Pergament nebst sechs Seiten Beschreibung ebenfalls auf Pergament. Laut Verlagswerbung auf der Titelseite kosten diese Hefte in kleinem Folioformat je 12 Francs; eine Ausgabe in großem Folioformat kostet 30 Francs; davon wollte man nur einhundert herstellen. Die einzelnen Lieferungen wurden von drei Druckern aus Paris und einem aus Straßburg verlegt. Die Beschreibungen der von Redouté im Bild wiedergegebenen Pflanzen stammen von Augustin-Pyrame de Candolle.

 Pierre-Joseph Redouté (1759 – 1840) war ein französischer Maler, bekannt für seine Blumenaquarelle. Er gilt als der Begründer der Blumenmalerei. Seine wichtigsten Arbeiten galten den Lilien und Rosen. Er war Nationalmaler des Naturkundlichen Museums in Paris.

Tradescantia discolor, heute <u>*Tradescantia spathacea* Sw.</u>, dt. Purpurblättrige Dreimasterblume, ursprünglich in Zentralamerika und den Westindischen Inseln beheimatet, heute in warmen Regionen weltweit als Zierpflanze kultiviert. [Taf. 10]

Hydrangea hortensis, heute <u>*Hydrangea macrophylla* (Thunb.) Ser.</u>, dt. Gartenhortensie, eine beliebte Zierpflanze. Die Blüten der farbigen Varianten verändern in Abhängigkeit vom pH-Wert des Bodens ihre Farbe: Ein saurer Boden führt zu blauen Blüten, ein neutralalkalischer zu rosafarbenen. [Taf. 12]

 James Edward Smith: Coloured pictures of rare plants, illustrated with descriptions and observations [Abbildungen seltener Pflanzen, mit Beschreibungen und Beobachtungen], London 1790 [UBL: Gr.Fol.1062]

 Drucker: J. Davis, mehrere Geschäftsadressen als Verleger angegeben.

 James Edward Smith (1759–1828) war ein britischer Botaniker. Ab 1783 arbeitete er als Arzt und führte unterdessen seine botanischen Studien an der Universität fort. Smith gründete mit Joseph Banks die Linnésche Gesellschaft und war bis zu seinem Tod deren Präsident. Er kaufte Carl von Linnés Sammlung auf.

Fremde Schönheiten

GAURA *biennis.*

BIGNONIA *radicans.*

Gaura biennis, heute <u>*Oenothera gaura*</u> W.L.Wagner & Hoch, dt. Zweijährige Prachtkerze, zuerst 1753 von Linné beschrieben und seit 2007 von Wagner und Hoch der Gattung der Nachtkerzen zugeordnet. [Taf. 52]

Bignonia radicans, auch <u>*Camsis radicans*</u> (L.) Seem., dt. Trompetenblume oder Amerikanische Klettertrompete. Bereits im 17. Jahrhundert wurde die nordamerikanische Kletterpflanze als Ziergehölz in Europa eingeführt. [Taf. 42]

 Phillip Caspar Junghans: Icones plantarum officinalium ad vitam impressae [Bilder von Heilpflanzen nach der Natur gedruckt], Halle 1787 [UBL: Botan.68-f]

 Pflanzenselbstdruck: Das Buch ist eines der ersten Produkte des Verlags Hemmerde und Schwetschke, der nach dem Tod des Hallenser Verlegers Carl Hermann Hemmerde (1708–1782) der u. a. den »Messias« von Friedrich Gottlob Klopstock ins Programm aufnahm, durch die Übernahme Carl August Schwetschkes (1756–1839) gebildet wurde.

 Phillip Caspar Junghans (1736–1797) studierte ab 1757 an der Universität Halle Theologie und Medizin. 1766 wurde er verantwortlich für den Medizingarten der Universität Halle, den er zu einem Botanischen Garten weiterentwickelte. 1787 wurde Junghans außerordentlicher, 1788 ordentlicher Professor der Medizin an der Universität Halle.

Pentapetes Phoenicea.

I. C. Keller pinx. sculp. et exc.

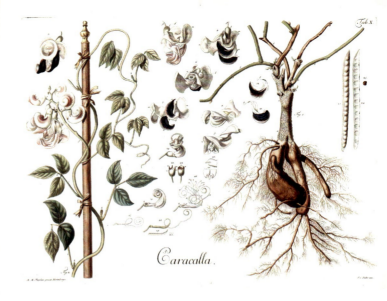

Caracalla.

Caracalla, _Vigna caracalla_ (L.) Verdc., der Name Caracalla ist vermutlich in Anspielung auf die extravagante Blütenform vom portugiesischen Wort für Schnecke (»Caracol«) abgeleitet. Die Art ist vor allem im tropischen Süd- und Mittelamerika verbreitet. [Taf. 10]

Pentapetes phoenicea L., der englische und der indische Name übersetzen sich wörtlich in Mittagsblume, so genannt, weil sich die Blüten zur Mittagszeit öffnen. Die Pflanzen stammen aus dem südlichen Asien, werden jedoch wegen ihrer leuchtenden Blüten weltweit kultiviert. [Taf. 5]

 Christoph Jakob Trew: Plantae rariores quas maximam partem ipse in horto domesticco coluit secundam notas suas examinavit et breviter explicavit [Seltene Pflanzen, die zum größten Teil im heimischen Garten gezogen wurden, mit Anmerkungen kurz erläutert], Nürnberg 1763 [UBL: Gr.Fol.1063]

 Künstler: Johann Christoph Keller, ein »Nürnberger Maler«, Drucker: Christian de Launoy

 Christoph Jakob Trew (1695–1769) war ein deutscher Arzt und Botaniker. Ab 1731 begründete und betreute er mit dem Wochenblatt _Commercium litterarium ad rei medicinae et scientiae naturalis_ [Brieflicher Austausch über medizinische und naturwissenschaftliche Dinge] eine der ersten Medizinzeitschriften. Er hinterließ eine große Briefsammlung mit medizinischem Schwerpunkt und die seinerzeit größte naturkundliche Büchersammlung, die heute der Universität Erlangen gehört.

Fremde Schönheiten

Bletia tankervilliae, heute *Phaius tankervilleae* (Banks ex L'Hér.), eine aus Asien stammende Orchideenart. Der britische Botaniker Banks benannte die Art nach der Gräfin Emma von Tankerville, einer Liebhaberin exotischer Pflanzen. [Taf. 1]

Solandra hirsuta Dunal, ist eine durch den französischen Botaniker Michel Félix Dunal 1852 beschriebene Pflanze aus der Familie der Nachtschattengewächse, ursprünglich in Zentral- und Südamerika verbreitet. Wie viele Nachschattengewächse enthalten die Goldkelche genannten Pflanzen teilweise halluzinogene Inhaltsstoffe. [Taf. 24]

Theodor Friedrich Ludwig Nees von Esenbeck: Sammlung schönblühender Gewächse für Blumen- und Garten-Freunde, Düsseldorf 1831 [UBL: Gr.Fol.1051]

Theodor Friedrich Ludwig Nees von Esenbeck (1787–1837) wurde auf Vermittlung seines Bruders, dem Bonner Botaniker Christian Gottfried Daniel Nees von Esenbeck (1776–1858) im Jahr 1819 Inspektor des neuen Botanischen Gartens. 1822 wurde er in Bonn im Fach Pharmazie zum außerordentlichen, 1827 zum ordentlichen Professor ernannt. Nach dem Wechsel seines Bruders nach Breslau wurde er 1833 Mitdirektor des Botanischen Gartens in Bonn.

RHODODENDRON *chrysanthum*.   ПЬЯНИШНИКЪ *Черножлтый*.   LONICERA *tatarica*.   ЖИМОЛОСТЬ *Татарская*.

Rhododendron chrysanthum, heute <u>*Rhododendron aureum* Georgi</u>, ist eine kleine buschige Rhododendron-Art, die in Asien in Höhenlagen von 1000–2500 m vorkommt. Sie wird in der tibetischen Medizin zur Linderung unterschiedlicher Beschwerden eingesetzt. [Taf. 30]

<u>*Lonicera tatarica* L.</u>, dt. Tatarische Heckenkirsche, stammt ursprünglich aus Zentralasien und dem südlichen Russland, ist aber heutzutage als sogenannter Neophyt in ganz Europa und auch in Nordamerika weit verbreitet, zum Teil so massiv, dass sie als bedrohlich für die heimische Flora geächtet wird. [Taf. 36]

Peter Simon Pallas: Flora Rossica seu stirpium Imperii Rossici per Europam et Asiam indigenarum descriptiones et icones [Russische Flora oder Beschreibungen und Bilder der Pflanzen des Russischen Reiches aus den europäischen und asiatischen Landesteilen], St. Petersburg 1784 [UBL: Gr.Fol.1128]

Peter Simon Pallas (1741–1811) war ein deutschsprachiger Naturforscher und Geograf, der 1767 ordentliches Mitglied der Akademie der Wissenschaften in Sankt Petersburg wurde. Pallas unternahm 1768–1774 und 1793–1794, gefördert durch die Zarin Katharina II., Expeditionen durch Sibirien und das südliche Russische Reich.

Fremde Schönheiten

Europäische Gewächse

Europa ist derjenige Teil der Erde, dessen Pflanzenwelt am frühesten und am ausführlichsten dokumentiert wurde. Seit der Antike sind Zeugnisse überliefert, die sowohl die Pflanzenkultur als auch deren schriftliche Verzeichnung belegen.

Botanische Gärten entstanden in Europa ab dem späten Mittelalter, entwickelt aus Medizingärten, die vor allem zur Gewinnung von Heilmitteln angelegt waren. Aufgrund der geografischen und meteorologischen Vielfalt gibt es in Europa einen großen Pflanzenreichtum. In planvoll angelegten Gärten kann man zeigen, was von den Berg- bis zu den Meerregionen wächst, welche Pflanzen mit Trockenheit zurechtkommen können und welche oft Regen brauchen. Es wurde angebaut, was aus der Umgebung bekannt war und was zugleich in Wuchs und Fortpflanzung näher studiert werden wollte. Oft sind Botanische Gärten darum an Universitäten entstanden.

Pflanzenbücher können Botanische Gärten gut wiedergeben. Die Zusammenstellung des entfernt voneinander Wachsenden gelingt im Druck oft einfacher als in der Realität, weil hier Informationen und Bilder zusammengetragen werden, die den besten Wissensstand dokumentieren. Die Natur wird in den Pflanzenbüchern idealisiert und in unvergänglicher Existenz dargestellt. Beeindruckend sind die oft mehrbändigen »Floren«, d. h. enzyklopädisch orientierte Werke, die alle Pflanzen eines bestimmten Areals katalogisieren.

Pflanzenbücher sind nicht nur enzyklopädische Werke. In ihrer Produktion kommen auch ästhetische und erzieherische Bestrebungen zum Tragen. Dann kann es oft unerheblich sein, ob es sich bei den abgedruckten Pflanzen um Raritäten oder alltägliche Begleiter am Wegesrand handelt. Die Bilder gewinnen einen Eigenwert, und die Bücher werden zu Monumenten bildnerischer Künste.

Tanacetum Cristatum Anglicum. Nolime tangere. Tanacetum vulgare.

Nolime tangere, _Impatiens noli-tangere_ L., dt. Großes Springkraut oder Rühr-mich-nicht-an. Der Name verweist auf die eigentümliche Art der Samenverbreitung: Die reifen Früchte springen bei Berührung explosionsartig auf und schleudern die Samen bis zu drei Meter weit.

Tanacetum vulgare und Tanacetum christatum anglicum, _Tanacetum spec._, dt. Rainfarn. Die stark aromatischen Pflanzen wurde früher als Heilmittel zum Beispiel gegen Parasiten genutzt.

[5. Ordnung des Sommers, Bl. 5]

Digitalis flore rubro und flore albo, heute *Digitalis purpurea* L., dt.
Roter Fingerhut. Die Pflanzen enthalten herzwirksame Drogen,
die auch heute noch in der Medizin Verwendung finden.
Hieracium peregrinum, *Hieracium aurantiacum* L., dt. Orangerotes
Habichtskraut, eine typische Pflanze europäischer Mittelgebirgs-
wiesen. Heute ist sie auch in Nordamerika, Australien, Neuseeland
und Japan anzutreffen. [2. Ordnung des Sommers, Bl. 2]
[Abbildungen aus dem Exemplar der Peter H. Raven Library, Mis-
souri Botanical Garden, bereitgestellt auf biodiversitylibrary.org]

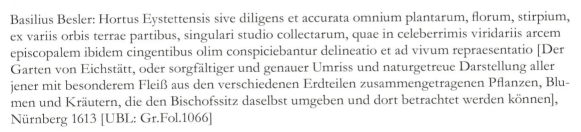

Basilius Besler: Hortus Eystettensis sive diligens et accurata omnium plantarum, florum, stirpium,
ex variis orbis terrae partibus, singulari studio collectarum, quae in celeberrimis viridariis arcem
episcopalem ibidem cingentibus olim conspiciebantur delineatio et ad vivum repraesentatio [Der
Garten von Eichstätt, oder sorgfältiger und genauer Umriss und naturgetreue Darstellung aller
jener mit besonderem Fleiß aus den verschiedenen Erdteilen zusammengetragenen Pflanzen, Blumen und Kräutern, die den Bischofssitz daselbst umgeben und dort betrachtet werden können],
Nürnberg 1613 [UBL: Gr.Fol.1066]

Die 367 Kupferstiche auf 850 Seiten im damals sehr seltenen Format Großfolio stellen – im Exemplar Römers ohne Ausmalung – 1.084 Pflanzen dar, die man über die Jahre 1611 und 1612 in
zahlreichen Lieferungen aus Eichstätt zum 50 km entfernten Nürnberg transportierte, wo sie sorgfältig abgezeichnet wurden. Davon stellte der Drucker Wolfgang Kilian schwarz – weiße Kopien
her, als Vorlagen für mehrere Nürnberger Kupferstecher. Nur die Luxusausgaben wurden farbig
ausgemalt – ein Vorgang, der pro Buch und Maler über ein Jahr dauern konnte.

Basilius Besler (1561 – 1629) war ein Nürnberger Apotheker und Botaniker. 1597 beauftragte ihn
der Bischof von Eichstätt mit der Anlage eines botanischen Gartens. Diesen nahm Besler als
Vorlage für den *Hortus Eystettensis*. Der Garten selbst wurde noch im 17. Jahrhundert zerstört.

Lorchbaum

Kύανος
Cyanus syluestris
Blaueole, Aubifouin, ou Bluet
Blattisecolla, Aliso
Wild Kornbluomen

Lorchbaum, <u>*Larix decidua*</u> Mill., dt. Europäische Lärche, ein sommergrüner Nadelbaum. In Nordamerika wird die Lärche zur Wiederaufforstung genutzt, sie ist ein relativ schnell wachsender Baum; das Holz ist für die Bau- und Möbelindustrie wertvoll. [S. 282]

Wild Kornbluomen, wahrscheinlich handelt es sich um <u>*Centaurea cyanus*</u> L., dt. Kornblume, ist besonders in Südeuropa eine noch häufig anzutreffende Begleitpflanze von Getreidefeldern; in Nordeuropa ist der Bestand im Rückgang begriffen. Die getrockneten Blüten findet man heute häufig in Teemischungen. [S. 241]

 Plantarum effigies e Leonartho Fuchsio, ac quinque diversis linguis reddita [Pflanzenbilder aus Leonhart Fuchs, mit Namen in fünf Sprachen], Lyon 1553 [UBL: Botan.1361–s]

 Das Buch nennt Fuchs nicht als Autor, sondern sagt: »aus Fuchs«, weil das Werk eine holländische Auszugspublikation aus einem größeren Werk von Fuchs darstellt. Der Drucker Balthazar Arnoullet (1517–1556) gehörte zu einer Druckerdynastie in Lyon.

 Leonhart Fuchs (1501–1566) war ein deutscher Arzt, Botaniker und Professor für Medizin an der Universität Tübingen. Er gilt als einer der »Väter der Botanik«. Bekannt wurde er v. a. durch sein Kräuterbuch, das auf Latein 1542 und ein Jahr später als *New Kreüterbuch* auf Deutsch erschien. Nach ihm ist die Gattung Fuchsia aus der Pflanzenfamilie Nachtkerzengewächse benannt.

Ruscus Myrti-folius aculeatus. J. B. H. 79.
Ital. *Pica Sorci.* — Gall. *Houx Frelon.*

Stramonium Malabaricum, fructu glabro, flore duplici, et triplici. T. 119.
Gall. *L'endormie.*

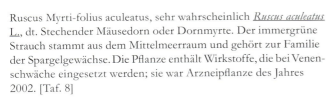

Ruscus Myrti-folius aculeatus, sehr wahrscheinlich *Ruscus aculeatus* L., dt. Stechender Mäusedorn oder Dornmyrte. Der immergrüne Strauch stammt aus dem Mittelmeerraum und gehört zur Familie der Spargelgewächse. Die Pflanze enthält Wirkstoffe, die bei Venenschwäche eingesetzt werden; sie war Arzneipflanze des Jahres 2002. [Taf. 8]

Stramonium Malabaricum fructu glabro, flore duplici, et triplici., vermutlich *Datura metel* L., dt. indischer Stechapfel. Von Datura metel existieren Züchtungen mit »doppelten und dreifachen« Blüten, die zudem durch die dunkle Färbung der Stengel und Blattstiele gekennzeichnet sind. Obwohl indischer Stechapfel genannt, liegt die Herkunft der Art im Dunkeln. [Taf. 93]

Giorgio Bonelli: Hortus romanus juxta systema Tournefortianum paulo strictius distributus [Römischer Garten, nach dem System Tourneforts aufgeteilt], Band 1 (von 8), Rom 1772 [UBL: Gr.Fol.1076]
Ab Band 2 lautet der Untertitel: secundum systema Tournefourtii a Nicolao Martellio Linneanis characteribus expositus, d.h. »Nach dem System von Tournefort durch Nicolaus Martellius mit Linnéschen Charakteristika ausgestellt«, herausgegeben von Liberato Sabbati (Bd. 2 – 5), dann von Constantino Sabbati (Bd. 6 – 8).

Zeichner: Cesare Ubertini; Stecherin: Maddalena Bouchard

Giorgio Bonelli (1742 – 1782) war ein italienischer Physiker und Professor für Medizin in Rom. Das seltene Werk ist das umfangreichste botanische Tafelwerk Italiens.
Liberato Sabbati (1747 – 1779) war italienischer Botaniker und Chirurg. Außerdem war er Kurator des botanischen Gartens in Rom.

CTAΦIϹAΓPIA

~IIIVLA~

Staphisagria, _Delphinium staphisagria_ L., dt. Stephanskraut. Die giftige Pflanze ist im Mittelmeerraum verbreitet, schon seit der Antike bekannt und als Heilpflanze geschätzt. Die alternativen deutschen Namen Läusepfeffer oder Läusezahn verweisen noch auf den Einsatz im Kampf gegen Kopfläuse. [S. 91]

Inula, vermutlich _Inula helenium_ L., dt. Echter Alant, ist ein in Europa besonders im Mittelmeerraum verbreiteter Korbblütler, der schon seit der Antike als Heil – und Gewürzpflanze Verwendung findet. [S. 93]

Zenobius Pacinus: Ectypa plantarum [Pflanzenselbstdrucke], um 1520 [UBL: Ms 1716, zuvor Botan.71 – k]

Pflanzenselbstdruck: Der Band unbekannter Herkunft vereint hunderte Druckversuche mit Pflanzen und einmal auch mit einer getrockneten Blindschleiche.

Auf dem handgeschriebenen Titelbild der Sammlung verschiedener Manuskriptblätter steht hinter dem Namen des völlig unbekannten Zenobius Pacinus »FLonS«, was abgekürzt für »Florentinus«, d. h. »der aus Florenz«, stehen könnte. Von der Universitätsbibliothek Leipzig konsultierte Experten vermuten, dass das Werk im frühen 16. Jahrhundert in Norditalien entstanden sein könnte.

Agrostemma githago L., dt. Korn-Rade, Kornnelke oder Kornrose, ein typisches Ackerwildkraut. Die Pflanze ist giftig; verunreinigtes Getreide hat in der Vergangenheit immer wieder zu Vergiftungen geführt. Heute dagegen ist die Korn-Rade vom Aussterben bedroht, vor allem aufgrund der verbesserten Reinigung des Saatguts in der Landwirtschaft und durch den Einsatz von Pestiziden. [Taf. 8]

Rosa canina L., dt. Hagebuttenstrauch, Hundsrose oder Heckenrose, ein weit verbreitetes Rosengewächs, häufig in Gebüschen und an Waldrändern zu finden. Der geläufige Name »Hagebutte« bezeichnet eigentlich nur die typische rote Frucht, die hier mit dargestellt ist. [Taf. 9]

 Johann Heinrich August Dunker: Pflanzen-Belustigungen oder Anweisung, wie man getrocknete Pflanzen auf eine leichte und geschwinde Art sauber abdrucken kann. Für Kinder, vielleicht auch für Zeichner und Stickerinnen, Brandenburg 1798 [UBL: Botan.475 – y]

 Pflanzenselbstdruck: Die Abdrucke wurden heftweise über die Leich'sche Buchhandlung in Brandenburg vermarktet, wobei beispielsweise das erste Heft »fünf schwarze und fünf illuminierte« [d.h. kolorierte] Abdrucke enthielt.

 Johann Heinrich August Dunker (z.T. auch Duncker, 1767 – 1843) kehrte nach einem Theologiestudium in Halle in seinen brandenburgischen Heimatort Rathenow zurück. Dort produzierte und verkaufte er Mikroskope und Brillen, zunächst im Pfarrhaus, später im Rahmen einer industriellen Tätigkeit.

Europäische Gewächse

Lamium orvala L., dt. Riesen-Taubnessel oder Großblütige Taubnessel, eine hauptsächlich in Südosteuropa verbreitete Art der Lippenblütengewächse. [Bd. 2, S. 131]

Buphthalmum cordifoliu, auch Telekia speciosa (Schreb.) Baumg., dt. Große Telekie, eine aus Südosteuropa stammende Korbblütlerart, die heute auch in Mitteleuropa stark verbreitet und als Kulturpflanze in Gärten beliebt ist. [Bd. 2, S. 113]

Francisci Comitis Waldstein, Paul Kitaibel: Descriptiones et icones plantarum rariorum Hungariae [Beschreibungen und Abbilder seltener Pflanzen aus Ungarn], Wien 1805 [UBL: Gr.Fol.1122]

Das vom Wiener Universitätsdrucker Matthias Andreas Schmidt hergestellte Werk ist außerordentlich selten und gehört zu den großen Raritäten der botanischen Literatur.

Franz de Paula Adam Norbert Wenzel Ludwig Valentin von Waldstein (1759–1823) war zunächst Militär, dann kaiserlich–königlicher Kämmerer. Von 1789 widmete er sich allein der Botanik und reiste mit Paul Kitaibel durch Ungarn. 1814 wurde Waldstein Ehrenmitglied der Bayerischen Akademie der Wissenschaften.
Paul Kitaibel (auch Pál Kitaibel, 1757–1817) war ein ungarischer Botaniker, Arzt und Chemiker. Er lehrte Chemie und Botanik in Pest, wo er auch Direktor des Botanischen Gartens war. Im Zeitraum von 1795 bis 1815 erforschte er auf insgesamt 16 Reisen Ungarns Pflanzenwelt.

<u>Viola odorata</u> L., dt. März-Veilchen, ursprünglich aus Europa und Asien. Schon in der Antike waren die Pflanzen bekannt und wurden wegen ihres starken Duftes geschätzt. Extrakte aus den Blättern werden noch heute in der Parfümindustrie genutzt. [Bd. 1, S. 26]

<u>Pinguicula vulgaris</u> L., dt. Gemeines oder Blaues Fettkraut, ist eine fleischfressende Pflanze aus der Familie der Wasserschlauchgewächse, die auf nassen und sauren Böden wächst. Die Art ist in Deutschland geschützt, kommt aber weltweit vor und gilt daher insgesamt nicht als vom Aussterben gefährdet. Die Blätter der Pflanze produzieren ein klebriges Sekret: Bleibt ein Insekt daran haften, so wird es in die Blätter eingerollt und anschließend verdaut. [Bd. 3, Taf. 1]

 Friedrich Dreves: Botanisches Bilderbuch für die Jugend und Freunde der Pflanzenkunde (s. u. S. 88), 5 Bände, Leipzig 1794–1819 [UBL: Botan.468]

 Im Vorwort zum ersten und dritten Band wird erläutert, dass verschiedene Künstler die Zeichnungen erstellen, teilweise auch aus bereits publizierten Bänden. Gestochen werde bei Johann Stephan Capieux (1748–1813), einem Naturforscher und Zeichenlehrer in Leipzig; die Ausmalung geschehe durch »Kunstsachverständige in Meissen«.

 Friedrich Dreves arbeitete für dieses Buch zusammen mit Friedrich Gottlob Hayne (1763–1832), der ab dem dritten Band (1798) als Mitautor auf der Titelseite genannt wird. Hayne war damals Apotheker in Berlin, lehrte später pharmazeutische Botanik an der Universität Berlin, 1814 als außerordentlicher und 1828 ordentlicher Professor. Dreves nennt sich selber »Erzieher« und verfolgte ganz offensichtlich pädagogische Absichten bei der Verbreitung botanischen Wissens, wenngleich er Beschreibungstexte auch auf Englisch und Französisch bringt.

Europäische Gewächse

Ranunculus repens L.; dt. Kriechender Hahnenfuß, eine in ganz
Europa, Asien und im nördlichen Afrika verbreitete Pflanze. Sie
ist typisch für Brachen, wächst in Gärten, auf Äckern und am
Wegesrand. [Bd. 2, ohne Seitenangabe]

Crocus multifidus, heute *Crocus nudiflorus* Sm., dt. Pyrenäen-Herbst-
Krokus, kommt im nördlichen Spanien und in Südfrankreich vor
und ist eine Krokus-Art, die im Gegensatz zum Gartenkrokus tatsächlich von September bis Oktober blüht. [Bd. 2, ohne Seitenangabe]

Johann Jakob Römer: Flora Europaea [Pflanzenwelt Europas] in zwei Bänden, Nürnberg 1797
[UBL: Botan.2009-n]

Das Werk wurde in der durch die Witwe von Gabriel Nicolaus Raspe (1712–1785) geleiteten und in
botanischen Büchern spezialisierten Druckerei Raspe in Nürnberg hergestellt.

Johann Jakob Römer (1763–1819) wurde 1788 Mitglied der Schweizerischen naturwissenschaftlichen Gesellschaft und praktizierte danach in Zürich als Arzt. 1793 wurde er zum auswärtigen
Mitglied der Königlich Schwedischen Akademie der Wissenschaften gewählt, 1808 zum korrespondierenden Mitglied der Bayerischen Akademie der Wissenschaften. 1797 wurde Römer Direktor
des Botanischen Gartens in Zürich.

Dryas octopetala

Epilobium angustifolium

Dryas octopetala L., dt. Weißer Silberwurz, ist in den arktischen Gebieten und im Hochgebirge zuhause. Der Artzusatz »octopetale« weist auf die acht Blütenblätter hin, eine ungewöhnliche Zahl für eine Pflanze aus der Familie der Rosengewächse. [Bd. 1, Taf. 31]

Epilobium angustifolium L., dt. Schmalblättriges Weidenröschen, eine typische Pflanze der Mittelgebirge. Beheimatet ist es auf der gesamten Nordhalbkugel. Der englische Name »Fireweed« [Feuerkraut] ist seiner Eigenschaft geschuldet, nach Waldbränden rasch die frei gewordenen Flächen zu überwachsen. [Bd. 2, Taf. 289]

 Georg Christian Oeder: Icones plantarum sponte nascentium in regnis Daniae et Norvegiae, in ducatibus Slesvici et Holsatiae, et in comitatibus Oldenburgi et Delmenhorstiae [Bilder der in den Königreichen Dänemark und Norwegen, in den Fürstentümern Schleswig und Holstein und in den Grafschaften Oldenburg und Delmenhorst einheimischen Pflanzen], Bde. 1 und 2 [von 7], Kopenhagen 1766 [UBL: Botan.250-b]

 Georg Christian Oeder (1728–1791) war ein deutscher Arzt, Botaniker und Sozialreformer. Er leitete ab 1752 den Botanischen Garten in Kopenhagen.

Europäische Gewächse

Delphinium Staphisagria

Delphinium staphisagria L., dt. Stephanskraut. Die giftige Pflanze ist im Mittelmeerraum verbreitet, schon seit der Antike bekannt und wurde als Heilpflanze geschätzt. Die alternativen deutschen Namen Läusepfeffer oder Läusezahn verweisen noch auf den Einsatz im Kampf gegen Kopfläuse. [Bd. 6, Taf. 508]

 John Sibthorp: Flora Graeca, sive plantarum rariorum historia, quas in provinciis aut insulis Graecis legit, investigavit et depingi curavit [Griechische Flora oder Bericht über seltene Pflanzen, in den griechischen Ländern und Inseln gesammelt, erforscht und gezeichnet], 10 Bände, Oxford 1806-1840 [UBL: Gr.Fol.1121]

 Der botanische Zeichner Ferdinand Bauer (1760–1826) war Teilnehmer der Griechenlandreise Sibthorps ab 1785 und steuerte 1.000 Abbildungen bei, für deren Drucklegung er 1806 nach Oxford umsiedelte. Auch zahlreiche andere Expeditionen, u. a. nach Australien, dokumentierte er zeichnerisch.

 John Sibthorp (1758–1796) übernahm 1784 in Oxford den Lehrstuhl seines Vaters für Botanik. 1785–1788 bereiste er Griechenland. Testamentarisch legte er genau fest, wie das Ergebnis seiner Reise in einer 10-bändigen Ausgabe im Folioformat veröffentlicht werden sollte. Sie erschienen von 1806 bis 1840. Die sehr geringe Gesamtauflage von weniger als 30 Exemplaren machte die *Flora Graeca* zu einem der kostbarsten botanischen Werke des 19. Jahrhunderts.

Phlomis samia.

Phlomis samia L., dt. Samos-Brandkraut, ein in Griechenland und angrenzenden Gebieten heimisches Gewächs der Familie der Lippenblütler. [Bd. 6, Taf. 564]

Nutz- und Heilpflanzen

Über Jahrtausende hinweg gehörte das Pflanzenwissen einigen wenigen Experten. Kräuterfrauen und Schamane schrieben ihre Kenntnisse nicht auf, sondern gaben sie meist informell, mündlich und praktisch weiter. So blieb das Wissen um die Wirkungen der Pflanzen einem Kreis von Eingeweihten vorbehalten und bildete einen streng gehüteten Schatz, der Ansehen und Einfluss brachte.

Botanische Gärten disziplinieren dieses Expertenwissen, machen es selbst reproduzierbar. Sie sind künstliche Anlagen, in denen Pflanzen reproduziert werden, um daran zu lernen. Botanische Gärten sind Volkshochschulen der Natur, in denen Generationen von Experten über Eigenheiten und Wirkungen unterrichtet werden. Hier wird Wissen frei weitergegeben.

Hauptanliegen der Pflanzenbücher war schon in der Antike, vor allem den medizinischen Nutzen zu verzeichnen. Mit dem Buchdruck, spätestens seit dem 16. Jahrhundert, werden Pflanzenbücher populär und oft gedruckt. Neben der weiter existierenden mündlichen Kultur des praktischen Pflanzenwissens repräsentieren Pflanzenbücher offizielles Wissen, das von hauptberuflich tätigen Ärzten und Apothekern beansprucht wird. Was gute Heilmittel und gesunde Nahrungsmittel sind, war zu jeder Zeit von großem Interesse.

Aber Pflanzenbücher können auch ganz praktisch einsetzbare Werke sein, zum Beispiel Handbücher für die genaue Identifikation der Pflanzen. Im Druckzeitalter wurde es deutlich einfacher und günstiger, einschlägige Kenntnisse zu verbreiten. Zeichner und Buchdrucker bemühten sich um immer bessere Techniken zur überprüfbaren Darstellung der Pflanzen, damit die Leser zu Sammlern werden und das Gesuchte eindeutig identifizieren können.

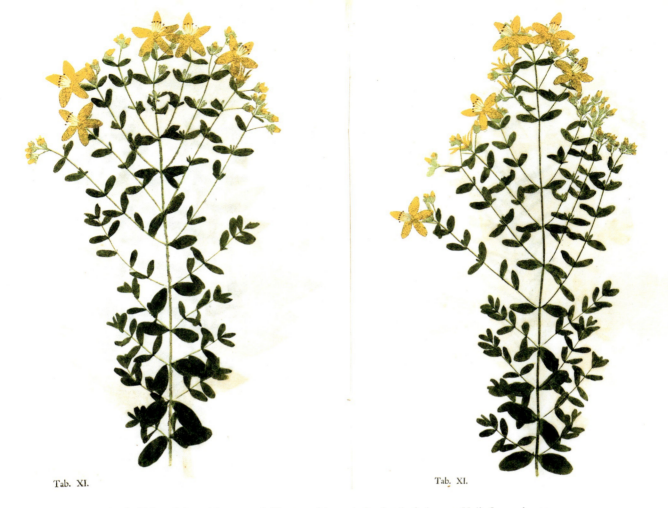

Tab. XI. Tab. XI.

Hypericum perforatum L., dt. Echtes Johanniskraut, auch Herrgottsblut, seit der Antike bekannte Heilpflanze, heute zur Behandlung von depressiven Verstimmungen oder nervöser Unruhe. [Taf. 11, zwei Pflanzenexemplare]

Christian Gottlieb Ludwig: Nach der Natur verfertigte Abdrücke der Gewächse, welche besonders zu dem medicinischen Gebrauche bestimmt sind und in Apotheken aufbehalten, auch auf verschiedene Art zubereitet werden. Nebst einer kurzen Beschreibung deren Wartung, Eigenschaften und Wirkungen, Halle 1760 [UBL: Botan.71-h]

Pflanzenselbstdruck: Statt eines Verlegers wird hier als »Verfertiger« der in Selbstdrucken spezialisierte Hallenser Buchdrucker Johann Gottfried Trampe (gest. 1778) angegeben sowie ein Leipziger Kommissionshändler, Bernhard Christian Breitkopf (1719 – 1794), bei dem das Buch »zu haben« sei. Beides sind Hinweise auf den hohen Anteil an handwerklicher Arbeit, die in diesem Buch steckt und nur eine kleine Auflage zuließ.

Christian Gottlieb Ludwig (1709 – 1773) studierte ab 1728 in Leipzig und war 1730/31 Mitglied einer Afrikaexpedition. 1740 wurde er außerordentlicher und 1747 ordentlicher Professor der Medizin. Carl von Linné benannte zu Ehren von Ludwig die Gattung der Heusenkräuter als Ludwigia.

Nutz und Heilpflanzen

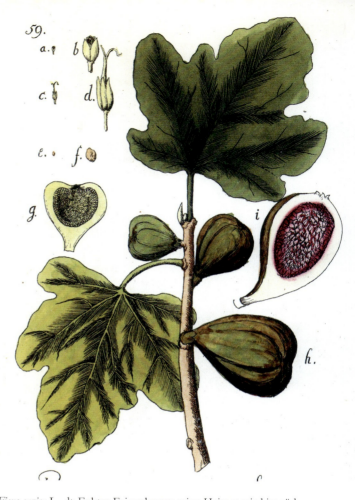

Prunus armeniaca L., dt. Aprikosenbaum, bekannt für seine süßen Früchte und weltweit angebaut. Weniger bekannt ist, dass die Wildform der Aprikose, die nur in Kasachstan, Usbekistan, Kirgistan und China vorkommt, extrem selten geworden ist. [Bd. 1, S. 16]

Ficus carica L., dt. Echter Feigenbaum; seine Heimat wird im südwestlichen Asien vermutet. Da die Feige aber schon seit Jahrtausenden als Nutzpflanze im gesamten Mittelmeergebiet angebaut wird, und häufig auswildert, ist sie heute sehr weit verbreitet. [Bd. 2, S. 59]

 Johann Bartholomäus Bellermann: Abbildungen zum Kabinet der vorzüglichsten in- und ausländischen Holzarten nebst deren Beschreibung, Erfurt 1788 [UBL: Botan.63-d]

 Kupferstiche, handkoloriert. Die Stiche wurden bis 1795 »auf Kosten des Verfassers«, wie es auf der Titelseite heißt, in sechs Lieferungen zu 12 Stichen hergestellt und ausgeliefert.

 Johann Bartholomäus Bellermann (1756–1833) war ein Erfurter Kaufmann und Maler und galt als Spezialist für Xylotheken [Holzsammlungen]. Er war Bruder des Theologen Joachim Bellermann. Das Kulturhistorische Museum Görlitz besitzt eine um 1790 von Johann Bartholomäus Bellermann zusammengestellte Holzsammlung von 60 Täfelchen aus der Sammlung von Adolf Traugott von Gersdorf, die nach dessen Tod 1807 in die Sammlungen der Oberlausitzischen Gesellschaft der Wissenschaften gelangte. Die Sammlung enthält ausschließlich Hölzer, die von wirtschaftlichem Interesse waren.

Aloe Americana, *Agave americana* L., dt. Amerikanische oder Hundertjährige Aloë, Hundertjährige Agave. Die Beschreibung verweist darauf, dass hier zum ersten Mal eine Abbildung der Pflanze gegeben wird. [Taf. V]

Alcea arborescens, der Gattungsname *Alcea* wird heute für Stockrosen verwendet. Die zu den Malvengewächsen gehörende Gattung wurde von Linné beschrieben. Ob es sich bei der gezeigten Pflanze tatsächliche um eine Stockrose handelt, ist allerdings unklar.

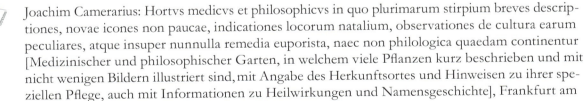

Joachim Camerarius: Hortvs medicvs et philosophicvs in quo plurimarum stirpium breves descriptiones, novae icones non paucae, indicationes locorum natalium, observationes de cultura earum peculiares, atque insuper nunnulla remedia euporista, naec non philologica quaedam continentur [Medizinischer und philosophischer Garten, in welchem viele Pflanzen kurz beschrieben und mit nicht wenigen Bildern illustriert sind, mit Angabe des Herkunftsortes und Hinweisen zu ihrer speziellen Pflege, auch mit Informationen zu Heilwirkungen und Namensgeschichte], Frankfurt am Main 1588 [UBL: Botan.437]
Dieser Band enthält außerdem das erste Florenwerk überhaupt, die *Sylva Hercynia* (Frankfurt am Main 1588) von Johannes Thal (1542–1583), einem Arzt und Botaniker.

Das in Frankfurt am Main bei den Druckern J. Feyerabend, H. Dack und P. Fischer hergestellte Werk enthält Holzschnitte, die im Exemplar der Sammlung Römer nicht koloriert sind

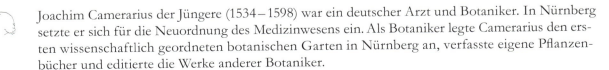

Joachim Camerarius der Jüngere (1534–1598) war ein deutscher Arzt und Botaniker. In Nürnberg setzte er sich für die Neuordnung des Medizinwesens ein. Als Botaniker legte Camerarius den ersten wissenschaftlich geordneten botanischen Garten in Nürnberg an, verfasste eigene Pflanzenbücher und editierte die Werke anderer Botaniker.

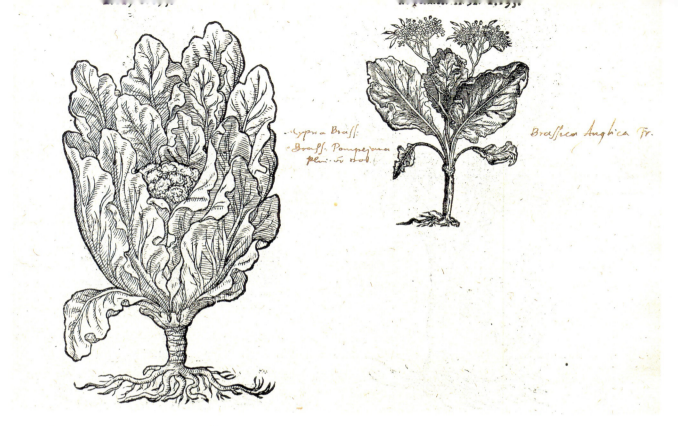

Brassica, dt. Kohl. Die Abbildung zeigt neben einer Wildform, hier Brassica marina sylvestris, multiflora, monospermos genannt (ganz rechts), verschiedene domestizierte Kohlsorten. Auf der linken Seite zwei, die als Kopf gezüchtet wurden, wie zum Beispiel Grün- und Weißkohl (nicht abgebildet), daneben eine Form mit vergrößerten Blütenständen, wie bei Blumenkohl oder Brokkoli. [S. 245]

 Icones stirpium seu plantarum tam exoticarum, qvam indigenarum, in gratiam rei herbariae studiosorum in duas partes digestae, cum septem linguarum indicibus, ad diversam nationum usum [Bilder von sowohl exotischen als auch einheimischen Pflanzen, für das Studium der Kräuter in zwei Teile geteilt und mit Registern in sieben Sprachen versehen, zum Gebrauch verschiedener Sprachgemeinschaften], Antwerpen 1591 [UBL: Botan.472]

 In dem Buch wurden botanische Zeichnungen von Mathias de L'Obel, Rembert Dodoens und Charles de L'Ecluse in einem Band neu herausgebracht. Das Werk wurde in der berühmten Antwerpener Werkstatt des Christoph Plantin (gest. 1589) hergestellt, damals geführt von seinem Schwiegersohn Johannes Moretus.

 Matthias de L'Obel (1538–1616) war ein flämischer Arzt, Physiker und Botaniker, der vorrangig in England wirkte. Er gilt als einer der Begründer der systematischen Botanik. In jungen Jahren unternahm er mehrere Forschungsreisen durch weite Teile Westeuropas. Ein früheres Werk von ihm über die Pflanzen (*Plantarum seu stirpium historia*, 1576) gilt als eines der ersten bekannten Bücher, in denen Pflanzen nach ihren biologischen Merkmalen und nicht nach ihren medizinisch-pharmazeutischen Wirkungen klassifiziert werden.

Deutscher Berenklaw, _Heracleum sphondylium_ L., dt. Wiesenbärenklau, wird schon seit langem als Heilpflanze eingesetzt. Er enthält allerdings Substanzen, die bei Kontakt zu erheblichen Hautirritationen führen können, vor allem in Verbindung mit Licht. Das Phänomen ist als Wiesendermatitits bekannt. [S. 274]

Mariendistel, heute _Silybum marianum_ (L.) Gaertn., die schon in frühen Kräuterbüchern als Nutzpflanze gegen vielerlei Beschwerden auftauch. Mariendistel-Extrakte werden heute leberschützende Eigenschaften zugesprochen. Sie sind nicht nur zur Katerbekämpfung beliebt, sondern werden hoch dosiert auch gegen Pilzvergiftungen eingesetzt. [S. 225]

Pietro Andrea Mattioli: Kreutterbuch … Jetzt widerrumb mit vielen schönen newen Figuren, auch nützlichen Artzeneyen, unnd andern guten Stücken, zum dritten Mal auss sondern Fleiß gemehret und verferdigt durch Joachimum Camerarium, der löblichen Reichsstatt Nürnberg Medicum, Doct. Sumpt dreien wohlgeordneten nützlichen Registern der Kräutter lateinische und deutsche Namen, unnd dann die Artzeneyen dazu dieselbigen zugebrauchen jnnhaltendt. Beneben genugsamen Bericht von den Destillier unnd Brennöfen, Frankfurt am Mai 1600 [UBL: Botan.21-b]

Mattiolis Werke über Pflanzen waren im späten 15. und frühen 16. Jahrhundert weit verbreitet. Das vorliegende Werk ist eine Neuausgabe seines Pflanzenkompendiums, das erstmals 1563 auf Deutsch erschien. Der handschriftlich wohl schon im 17. Jahrhundert auf dem Titelblatt vermerkte Name des Frankfurter Druckers ist Christoph Emanuel Ferdinand Kohl, der auf größere Bilder verzichtet und dadurch eine kompakte, handbuchartige Darstellung erreicht.

Pietro Andrea Mattioli (1501 – 1577) war ein italienischer Botaniker und Arzt. Er wurde durch Übersetzungen wissenschaftlicher Werke aus dem Griechischen und Lateinischen ins Italienische und vor allem durch die Übersetzung und mehrmalige Überarbeitung der _Materia medica_ des Dioskurides (aus dem 1. Jahrhundert) bekannt.

Nutz und Heilpflanzen

In der Abbildung werden verschiedene Küchenkräuter gezeigt:
Majoran, Thymian, Bohnenkraut, Ysop, Polei-Minze; sowie zwei
Sorten Salbei. [S. 475]

John Parkinson: Paradisi in sole paradisus terrestris or a garden of all sorts of rarest flowers [Parkinsons Irdisches Paradies oder Der Garten aller Arten von sehr seltenen Pflanzen], London 1656
[UBL: Botan.22-d]
Diese zweite und »sehr vermehrte« Auflage eines 1629 zuerst erschienenen Werkes hat eine theologische Ausrichtung. Es fordert vom Menschen, dass er als Gärtner den Garten Eden (das Paradies) nachbauen soll.

John Parkinson (1567–1650) war ein englischer Arzt und Apotheker und gilt zudem als einer der bekanntesten Botaniker seiner Zeit. Bei London betrieb er einen großen Garten. In seinem Werk beschäftigte er sich mit dem Anbau von Pflanzen, den er nach Blumen-, Gemüse- und Obstgarten unterschied. Von König Karl I. erhielt er für sein Wirken den Titel des ersten königlichen Botanikers (»Botanicus Regius Primarius«).

NICOTIANA foliis lanceolatis.
Linn. S. P. 180.
Ludw. D. G. P. 58.
Tabacum. officin.

Nicotiana, _Nicotiana tabacum_ L., Virginischer Tabak gehört zur Familie der Nachtschattengewächse und stammt ursprünglich vom amerikanischen Kontinent [4. Hundert, Taf. 55].

Lavendula, _Lavandula angustifolia_ Mill., dt. Echter Lavendel, die Pflanze aus dem Mittelmeerraum ist nicht nur als Zierpflanze beliebt, aus ihr werden duftende Öle und Essenzen für die Kosmetikindustrie gewonnen [4. Hundert, Taf. 39].

 Johann Hieronymus Kniphof: Botanica in originali seu herbarium vivum [Pflanzenkunde im Original oder lebendiges Herbarium] (s. u. S. 84), Halle 1757 [UBL: Botan.71-g]

 Pflanzenselbstdruck: Kniphof perfektionierte sein Verfahren des Drucks von zuerst getrockneten, dann mit Öl und Ruß getränkten Pflanzen, die damit ihr originales Bild auf das Papier abgaben, was er »Typographia naturalis« oder »Naturselbstdruck« nannte.

 Johann Hieronymus Kniphof (1704–1763) war ein Erfurter Arzt und Professor der Medizin. Ab 1747 war er Dekan der Medizinischen Fakultät und ab 1761 bis zu seinem Tod Rektor der Universität Erfurt. Er war Mitglied der Kaiserlichen Akademie der Naturforscher und maßgeblich an der Weiterentwicklung des Naturselbstdruckes beteiligt.

Nutz und Heilpflanzen

Natürliche Ordnung

Die Untersuchung eines natürlichen Ordnungssystems von Pflanzen rührt aus dem Bestreben her, nicht einzelne Gewächse, sondern den Zusammenhang der gesamten Flora zu erfassen. Systematische Kriterien, wie etwa die Art der Fortpflanzung oder die Anlage der entsprechenden Organe in der Blüte, führen zu neuen Zusammenstellungen.

In der Anlage von Botanischen Gärten spiegelt sich auch die Entwicklung des naturwissenschaftlichen Interesses, und so sind ab dem 18. Jahrhundert neue Abteilungen dokumentiert, die sich der inneren, oft nicht gut sichtbaren Verwandtschaft von Pflanzen widmen.

Pflanzenbücher übernehmen gern die natürliche Ordnung der »Systematischen Abteilungen« aus den Botanischen Gärten. Besonders wenn sie dem Studium und der Kenntnis von Pflanzen dienen, helfen sie, diese im naturwissenschaftlichen Zusammenhang genauer zu untersuchen und zu begreifen. Heute vermitteln auch populäre Pflanzenbestimmungsbücher ein Wissen, das sowohl die Darstellung im Einzelnen als auch die Erkenntnis von Verwandtschaftsbeziehungen im Allgemeinen einschließt.

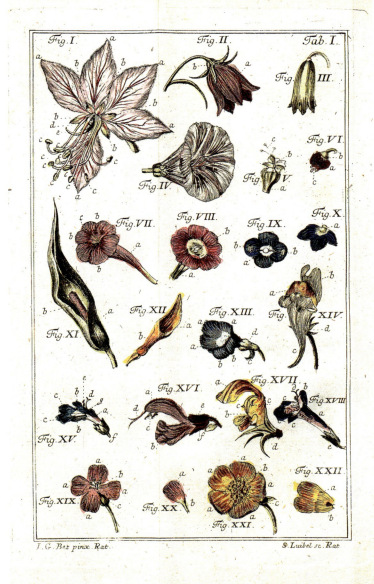

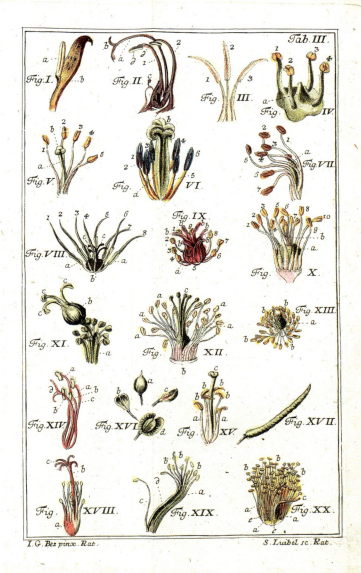

Übersicht über die nach der Linnéschen und Tournefortschen Systematik wichtigen Merkmale von Blüten. Die Abbildung zeigt verschiedene Blütensymmetrien und Verwachsungen von Blütenkronblättern. [Taf. I]

Übersicht über die nach der Linnéschen und Tournefortschen Systematik wichtigen Merkmale von Blüten. Gezeigt werden hier die Anordnungen und Kombinationen von männlichen (Staubgefäße) und weiblichen (Fruchtknoten und Stempel) Blütenteilen. [Taf. III]

 Jacob Christian Schäffer: Isagoge in botanicam [Einführung in die Botanik], Regensburg 1759 [UBL: Botan.1223-e]

 Jacob Christian Schäffer (1718 – 1790) war ein deutscher Botaniker. Er stand mit Linné im Briefwechsel und war Mitglied verschiedener wissenschaftlicher Gesellschaften. Die Pflanzengattung Schaefferia Jacq. in der Familie der Spindelbaumgewächse (Celastraceae) ist nach ihm benannt.

Natürliche Ordnung

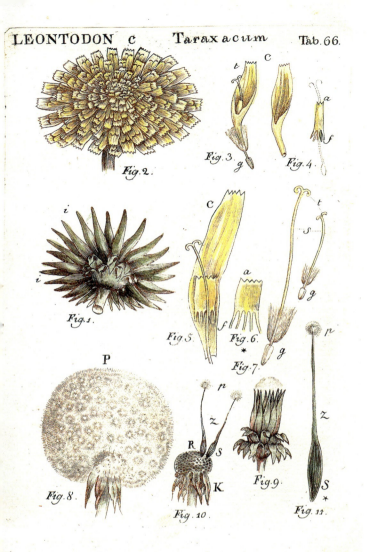

LEONTODON c Taraxacum Tab. 66.

Fig. 2. Fig. 3. Fig. 4. Fig. 1. Fig. 5. Fig. 6. Fig. 7. Fig. 8. Fig. 9. Fig. 10. Fig. 11.

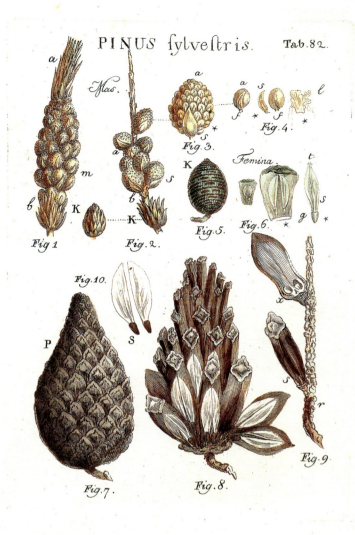

PINUS sylvestris. Tab. 82.

Mas. Fig. 3. Fig. 4. Fig. 1. Fig. 2. Fig. 5. Femina. Fig. 6. Fig. 10. Fig. 7. Fig. 8. Fig. 9.

Leontodon taraxacum, heute _Taraxacum officinale_ (L.) Weber ex F.H.Wigg., dt. Löwenzahn, ist wohl eine Pflanze, an die sich in Europa fast jeder aus der Kindheit erinnert. Wenn die flugfähigen Samen reif sind, wird er zur Pusteblume. [Taf. 66]

Pinus sylvestris L., dt. Waldkiefer, Rotföhre, ist verbreitet von Europa bis nach Sibirien. Die Waldkiefer hat durch ihre langen Pfahlwurzeln einen Standortvorteil vor allem auf trockenen, oft sandigen Böden und sticht dort die Konkurrenz aus. Sie ist angepflanzt aber auch an anderen Standorten anzutreffen. [Taf. 82]

Johannes Miller: Tabulae iconum centum quatuor plantarum ad illustrationem systematis sexualis Linnaeani [400 Bildertafeln von Pflanzen zur Illustration des geschlechtsbasierten Systems nach Linné], Frankfurt am Main 1789 [UBL:Botan.1267]

Johannes [engl. John] Miller (1715–1790) war ein deutscher Kupferstecher und Blumenmaler, der sich in London niederließ. Bekannt wurde er vor allem durch die Illustration und Herausgabe des vorliegenden zweibändigen Werkes.

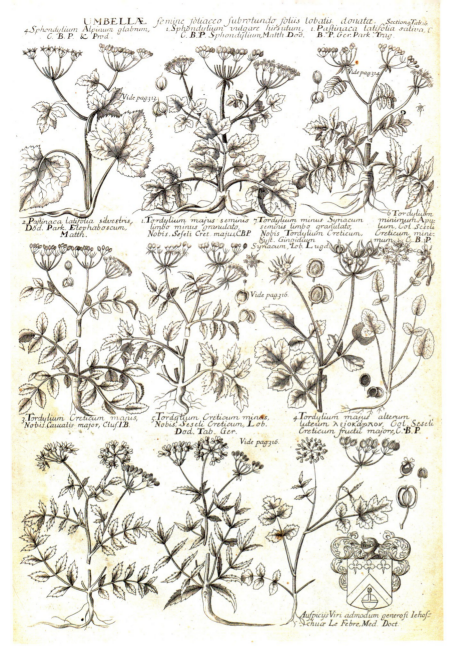

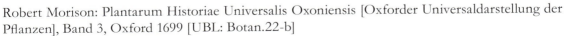

Die Abbildung zeigt verschiedene Arten aus der
Familie der Doldenblütler im Vergleich. [Taf. 16]

Robert Morison: Plantarum Historiae Universalis Oxoniensis [Oxforder Universaldarstellung der
Pflanzen], Band 3, Oxford 1699 [UBL: Botan.22-b]

Robert Morison (1620–1683) war ein schottischer Botaniker. Er entwickelte eine neue Klassifizie-
rungsmethode für Pflanzen, wofür das vorliegende Werk ein Beispiel ist. Zu seinen Lebzeiten
konnte nur der erste Band erscheinen. Außerdem publizierte Morison die erste Monografie zu nur
einer Pflanzenart, den Umbelliferae (dt. Doldenblütler).

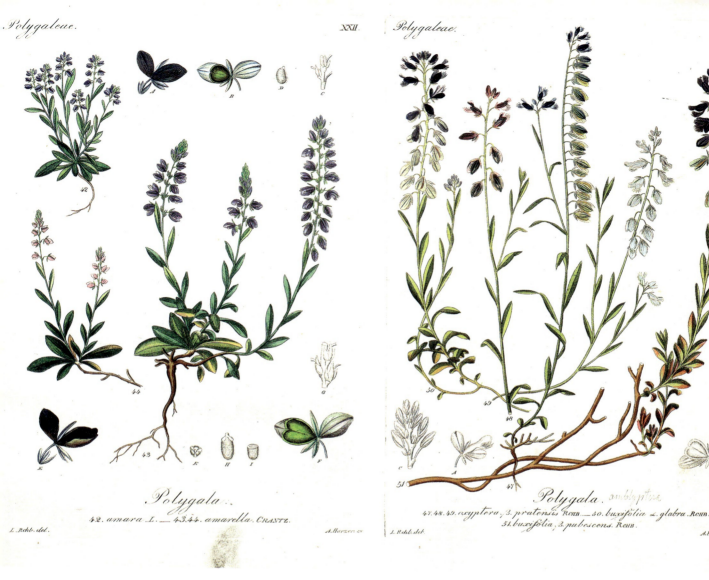

Polygala.
42. amara L. — 43.44. amarella CRANTZ.

L.Rchb.del.   A.Harzer sc.

Polygala amblyptera
47.48.49. oxyptera, β. pratensis RCHB. — 50. buxifolia L. glabra RCHB.
51. buxifolia β. pubescens RCHB.

L.Rchb.del.   A.Harzer sc.

Vergleichende Darstellung verschiedener Arten der Gattung *Polygala* oder Kreuzblumen [Taf. 22]

Vergleichende Darstellung verschiedener Arten der Gattung *Polygala* oder Kreuzblumen [Taf. 24]

 Heinrich Gottlieb Ludwig Reichenbach: Kupfersammlung kritischer Gewächse, oder Abbildung seltener und weniger genau bekannter Gewächse des In- und Auslandes, als Kupfersammlung und Supplement, vorzüglich zu den Werken von Wildenow, Schkuhr, Persoon, Römer und Schultes, gezeichnet und nebst kurzer Erläuterung herausgegbn, Leipzig 1823 [UBL: Botan.473]

 Heinrich Gottlieb Ludwig Reichenbach (1793–1879) war Naturwissenschaftler, Botaniker und Zoologe. Er studierte und promovierte in Leipzig und war von 1820-1869 Ordinarius für Naturgeschichte an der Chirurgisch-medizinischen Akademie in Dresden. 1826 gründete er die Sächsische Gesellschaft für Botanik und Gartenbau »Flora« zu Dresden, der er bis 1843 vorstand.

Lagurus ovatus L., dt. Samtgras, *Alopecurus agrostis* L. heute *Alopecurus myosuroides* Huds., dt. Acker-Fuchsschwanz, und *Alopecurus pratensis* L., dt. Wiesen-Fuchsschwanz. [Taf. 19]

Hordeum zeocriton, heute *Hordeum distichon* L., dt. zweizeilige Gerste, wird teilweise auch als Form der Kulturgerste angesehen. [Taf. 17]

 Johann Christian Daniel Schrebers Beschreibung der Gräser nebst ihren Abbildungen nach der Natur, Leipzig 1769 [UBL: Botan. 144]

 Der Leipziger Drucker Siegfried Leberecht Crusius (1738 – 1824) war Buchhändler, Verleger und später Landwirt. Er kaufte 1765 die Teubnersche Buchhandlung und verlegte dort deutsche Literatur, u. a. Schiller. Seine Brüder Gottlieb Leberecht (1730 – 1804) und Carl Leberecht (1740 – 1779) arbeiteten als Kupferstecher – ob auch für dieses Werk, ist nicht bekannt.

 Johann Christian Schreber (1739 – 1810) war ein deutscher Mediziner und Naturforscher. Er studierte bei Carl von Linné, von dem er zahlreiche Werke ins Deutsche übersetzte. Später wurde er Professor für Botanik, Naturgeschichte, Wirtschaft und Politik an der Universität Erlangen und Leiter des dortigen Botanischen Gartens.

Frühlingsboten

Einige Pflanzen setzen das längere Tageslicht am Ende des Winters schneller um als andere. Das sind die Frühblüher. Über die kalte und dunkle Winterzeit hinweg speichern sie die Energie des letzten Sommers in Zwiebeln oder Wurzeln; eine Art Frostschutz bewahrt die zarten Triebe vor dem Erfrieren. Mit den ersten Sonnenstrahlen lassen sich dann beim Spazierengehen die farbenfrohen Frühlingsboten entdecken.

Was gemeinsam zur selben Zeit in Blüte steht, macht in jedem Botanischen Garten eine attraktive Abteilung aus, ob professionell angelegt oder privat gestaltet. Auch ist der Anbau in Botanischen Gärten wichtig, weil einige dieser Arten selten geworden sind und heute unter Schutz stehen.

Beeindruckend reich kolorierte Pflanzenbücher verschiedenster Epochen zeigen, unabhängig von Jahreszeit und Klimaverhältnissen, immerfort farbenprächtig blühende Pflanzen. Im Buch kann ewiger Frühling herrschen. Botanisch sind Pflanzenbücher blütenfixiert, nicht nur aus ästhetischen Gründen. Auch die Bestimmung der Art erfordert die genaue Analyse der Blüten.

TVLIPA flore erecto, foliis ouato-lanceolatis.
Linn. S. P. 306. *Ludw.* D. G. P. 717.
- - - - gesneriana.
Tulipa lutea lituris quibusdam viridibus et sanguineis distincta,
flore maximo laciniato. Tourn. Inst. 376.

Tulipa gesneriana L., dt. Garten-Tulpe. Die Tulpe ist eine weithin beliebte Gartenpflanze und wird auch als Schnittblume gehandelt. Ihre genaue Herkunft liegt im Dunkeln. [2. Hundert, Bl. 96]

 Johann Hieronymus Kniphof: Botanica in originali seu herbarium vivum [Pflanzenkunde im Original oder lebendiges Herbarium] (s. o. S. 73), Halle 1757 [UBL: Botan.71-g]

 Pflanzenselbstdruck: Kniphof perfektionierte sein Verfahren des Drucks von zuerst getrockneten, dann mit Öl und Ruß getränkten Pflanzen, die damit ihr originales Bild auf das Papier abgaben, was er »Typographia naturalis« oder »Naturselbstdruck« nannte.

 Johann Hieronymus Kniphof (1704–1763) war ein Erfurter Arzt und Professor der Medizin. Ab 1747 war er Dekan der Medizinischen Fakultät und ab 1761 bis zu seinem Tod Rektor der Universität Erfurt. Er war Mitglied der Kaiserlichen Akademie der Naturforscher und maßgeblich an der Weiterentwicklung des Naturselbstdruckes beteiligt.

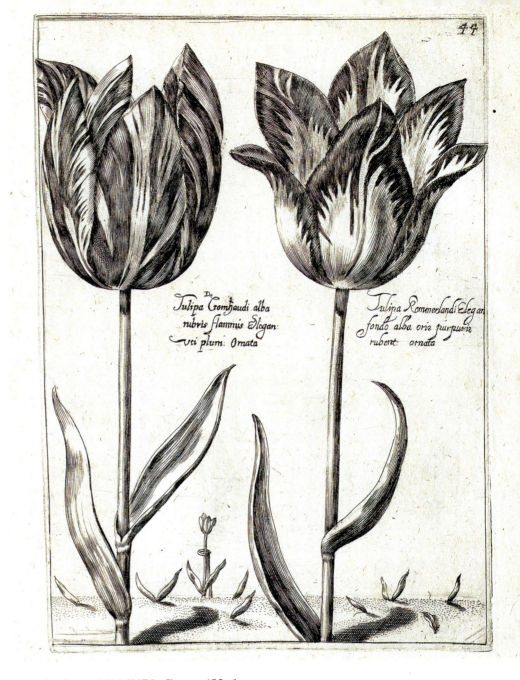

Tulipa Cromhaudi alba nubris flammis Elegan: uti plum: Ornata

Tulipa Rommerlandi Elegan: fondo alba oris purpurie rubent: ornata

Die Abbildung zeigt zwei verschiedene Formen der Gartentulpe. [Taf. 44]

 Hortus Floridus [Blühender Garten], Arnheim 1614 [UBL: Botan.453-t]

 Crispin de Passe der Ältere (1564 – 1637) arbeitete hier zusammen mit seinem Sohn Crispin de Passe der Jüngere (1594 – 1670). Beide waren Zeichner, Kupferstecher und Verleger. Der Sohn wurde in Köln geboren und besuchte später die Kunstschule in Utrecht. Von 1617 bis 1630 arbeitete er in Paris als Zeichenlehrer und Verleger.

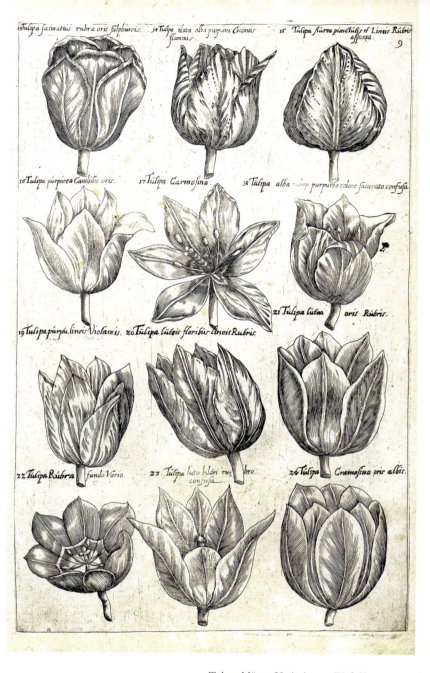

Tulpenblüten-Variationen [Taf. 9]

 Emanuel Sweerts: Florilegium [Blumensammlung], Frankfurt 1612 [UBL: Botan.22-u]

 Emanuel Sweerts (1572–1612) war ein niederländischer Pflanzenhändler. Er handelte vor allem mit Blumenzwiebeln, fuhr regelmäßig zur Messe nach Frankfurt. Sein Blumengarten in Amsterdam war weithin berühmt.

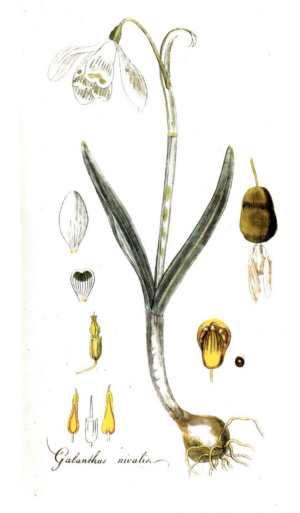

Galanthus nivalis

Adonis vernalis L., dt. Frühlings-Adonisröschen, sind während der letzten Eiszeit aus Sibirien nach Deutschland eingewandert. Heute sind sie nur an einigen speziellen Standorten zu finden, wie zum Beispiel an den Südhängen des Kyffhäuser Gebirges. [Bd. 1, ohne Seitenangabe]

Galanthus nivalis L., dt. Kleines Schneeglöckchen, eine wohlbekannte Zwiebelpflanze, die früh im Jahr blüht. Sie wird gerne in Gärten und öffentlichen Parks angebaut. Viele Vorkommen, vor allem in den nördlichen Bundesländern, gehen eher auf verwilderte Gartenpflanzen als auf natürliche Populationen zurück. [Bd. 1, ohne Seitenangabe]

 Johann Jakob Römer: Flora Europaea [Pflanzenwelt Europas] in zwei Bänden, Nürnberg 1797 [UBL: Botan.2009-n]

 Das Werk wurde in der durch die Witwe von Gabriel Nicolaus Raspe (1712–1785) geleiteten und in botanischen Büchern spezialisierten Druckerei Raspe in Nürnberg hergestellt.

 Johann Jakob Römer (1763–1819) wurde 1788 Mitglied der Schweizerischen naturwissenschaftlichen Gesellschaft und praktizierte danach in Zürich als Arzt. 1793 wurde er zum auswärtigen Mitglied der Königlich Schwedischen Akademie der Wissenschaften gewählt, 1808 zum korrespondierenden Mitglied der Bayerischen Akademie der Wissenschaften. 1797 wurde Römer Direktor des Botanischen Gartens in Zürich.

Frühlingsboten

Helleborus niger humilifolius.

Convallaria multiflora, heute <u>*Polygonatum multiflorum*</u> (L.) All, dt. Vielblütige Weißwurz, ist eine zu den Spargelgewächsen gehörende Pflanze. Der deutsche Name erklärt sich durch die stark ausgebildeten weißen Wurzeln, die es der Pflanze erlauben, die ungünstige Jahreszeit zu überdauern und im Frühjahr frühzeitig zur Blüte zu kommen. [Bd. 2, 1795, Taf. 60]

Helleborus niger humilifolius, <u>*Helleborus niger*</u> L., dt. Schneerose oder Christrose, ist häufig in Kultur zu finden, in der Natur jedoch selten anzutreffen. Üblicherweise blüht sie zwischen Februar und April, sie kann bei günstiger Witterung auch zur Weihnachtszeit Blüten bilden, daher der Name Christrose. [Bd. 4, 1801, Taf. 189]

 Friedrich Dreves: Botanisches Bilderbuch für die Jugend und Freunde der Pflanzenkunde (s. o. S. 59), 5 Bände, Leipzig 1794–1819 [UBL: Botan.468]

 Im Vorwort zum ersten und dritten Band wird erläutert, dass verschiedene Künstler die Zeichnungen erstellen, teilweise auch aus bereits publizierten Bänden. Gestochen werde bei Johann Stephan Capieux (1748–1813), einem Naturforscher und Zeichenlehrer in Leipzig; die Ausmalung geschehe durch »Kunstsachverständige in Meissen«.

 Friedrich Dreves arbeitete für dieses Buch zusammen mit Friedrich Gottlob Hayne (1763–1832), der ab dem dritten Band (1798) als Mitautor auf der Titelseite genannt wird. Hayne war damals Apotheker in Berlin, lehrte später pharmazeutische Botanik an der Universität Berlin, 1814 als außerordentlicher und 1828 als ordentlicher Professor. Dreves nennt sich selber »Erzieher« und verfolgt ganz offensichtlich pädagogische Absichten bei der Verbreitung botanischen Wissens, wenngleich er Beschreibungstexte auch auf Englisch und Französisch bringt.

Tulipa sylvestris L., dt. Wilde Tulpe oder Weinberg-Tulpe, war vermutlich ursprünglich nur in Südeuropa beheimatet, wurde aber im 16. Jahrhundert zunächst als Zierpflanze in nördlichere Länder verbreitet, die sich dann ausgewildert hat. Der Name Weinberg-Tulpe verweist schon darauf, dass sie, wie der Wein, wärmere Standorte bevorzugt. [Bd. 3, Taf. 375]

Anemone ranunculoides L., dt. Gelbes Windröschen ist ein typischer Frühblüher aus der Familie der Hahnenfußgewächse. Die Blütenfarbe macht die Unterscheidung vom nahe verwandten Buschwindröschen einfach. [Bd. 1, Taf. 140]

 Georg Christian Oeder: Icones plantarum sponte nascentium in regnis Daniae et Norvegiae, in ducatibus Slesvici et Holsatiae, et in comitatibus Oldenburgi et Delmenhorstiae [Bilder der in den Königreichen Dänemark und Norwegen, in den Fürstentümern Schleswig und Holstein und in den Grafschaften Oldenburg und Delmenhorst einheimischen Pflanzen], Bde. 3 [von 7], Kopenhagen 1770 [UBL: Botan.250-b]

 Georg Christian Oeder (1728–1791) war ein deutscher Arzt, Botaniker und Sozialreformer. Er leitete ab 1752 den Botanischen Garten in Kopenhagen.

Index der erwähnten Pflanzennamen